八五普法·生活中的法律常识系列

劳动合同
法律常识小全书

案例自测实用版

全民普法图书中心◎著

中国法制出版社
CHINA LEGAL PUBLISHING HOUSE

出版说明

2020年12月，中共中央印发了《法治社会建设实施纲要(2020—2025年)》，由此，我国的普法工作迈进了第八个普法阶段。回首过去，我国的普法工作取得了很高的成就，有序的社会秩序、坚定的法治信仰在社会生活中落根繁衍，人们的法律意识日益增强，大家学习法律的热情也愈加高涨。特别是，随着《中华人民共和国民法典》《中华人民共和国刑法修正案（十一)》等重要法律法规的出台，许多与我们的生活密切相关的法律条文发生了变化。了解法律，学习法律，运用法律，势在必行。

在此，为了帮助大家学习法律知识，我们特别推出了一套《生活中的法律常识系列》。下面，我们一起来看看本套书的主要特色。

第一，内容广泛，分类科学。本套书的分册涉及物权、合同、抵押、婚姻继承、劳动、劳动合同、犯罪、道路交通、医疗、日常维权等多个领域，能充分满足大众学习法律知识的需求。并且，每个分册涉及法律知识门类专一，可以有效满足群众针对性学习法律知识的需要。

第二，以案说法，通俗易懂。众所周知，法律条文本身存在一定的晦涩难懂性，特别是对于一些法律术语，很多人不知其中含义，由此给大家的自学法律之路造成了一定的障碍。而对于法律普及工作而言，让读者看得进、想得通、搞得懂，是我们工作的价值所在。因此，本套书采用了以案说法、情景带入式的普法方式，让人们在案例故事及后续分析中感受法律的内涵，汲取法律的智慧。

第三，贴近实际，学以致用。法律是调控社会的工具之一。作为大众读者，我们学习法律的目的不外乎懂法、知权、维权、预防和解决纠纷等。那么，我们学习法律知识，阅读法律书籍就不能走马观花，一带而过，而是要进行深入的思考和领会。为此，我们在每一个案例分析后面，对应加入了“自测小题”板块，从而可以更好地让大家检验和巩固学习效果，达到学以致用的目的。

当然，本套书的更多内容和特色还需要大家品味之后才能一一领会。在此，我们也诚邀各位读者多提出批评与建议。

党的十九大把法治社会基本建成确立为到 2035 年基本实现社会主义现代化的重要目标之一。普法工作意义重大、任重道远。希望你我都能在普法大潮中乘风破浪，勇往直前。衷心希望本套书能成为各位学习法律的得力助手。

目录

第一章
如何订立劳动合同

订立劳动合同时，我们应该遵循什么原则呢？

案例实录

2020年6月，关某来到当地的一家造纸厂应聘，经过层层面试后被聘任为车间主任。但在签订劳动合同时，关某与造纸厂却发生了争执。在该劳动合同中有一个条款是这样规定的：劳动合同签订后，厂方可以根据自己的实际需要对人员的数量和工作部门、地点进行调整……员工离职需提前三个月提交辞职报告，随辞随走的不发放当月工资。关某觉得这一条款不公平、是霸王条款。公司领导却声称这是为了维护企业的合法利益，保证企业的正常运转。那么，该厂的做法对吗？订立劳动合同时，我们应当遵守什么原则呢？

律师分析

劳动合同不仅能保障劳动者和用人单位的合法权益，也能约束和规范劳动者和用人单位行为。在合同适用上，双方地位是平等的，并不存在强者或者弱者之分，公司不能因为作为雇佣方就提高自己的地位，任意制定有利于自己的条款以约束劳动者。根据《劳动合同法》第三条第一款的规定，订立劳动合同，应当遵循合法、公平、平等自愿、协商一致、诚实信用的原则。本案中，厂方让关某签订的有关双方辞退、转调员工或者员工离职的条款，内容为用人单位可以随时变更劳动合同或与员工解除合同，但是员工辞职需提前三个月告知人事部，这明显是有利于用人单位的规定，会侵犯员工的权益。这条约定不符合法律规定，是不平等的。同时，关某对此条款提出异议后，公司对此条款并没有根据公平的原则进行更改。面对这种情况，关某可以不与公司签订合同，或者再次与公司协商后签订合同。

法条链接

《中华人民共和国劳动合同法》

第三条　订立劳动合同，应当遵循合法、公平、平等自愿、协商一致、诚实信用的原则。

依法订立的劳动合同具有约束力，用人单位与劳动者应当履行劳动合同约定的义务。

温馨提示

劳动合同是劳动双方确定双方权利义务关系的书面凭证。因为劳动合同通常是由用人单位拟定的，所以有时候难免会掺杂一些有利于用人单位的条款，这样的条款违反了合同订立的平等性和公平性原则，不符合法律的相关规定。在日常生活中，如果我们遇到这样的情况，可以和用人单位进行协商，要求更改相关条款以符合法律的相关规定。

自测小题

选择：下列哪些行为是违背劳动合同订立原则的？（　　）①

A. 某公司在劳动合同中规定自愿加班但不支付加班费

B. 小陈使用他人的身份证进行应聘

C. 小兰想得到一份工作，虽然工资低，但是也接受了

D. 某公司与劳动者签订劳动合同时，不给劳动者看合同内容就让其签字

新员工报到后，应该何时签劳动合同？

案例实录

小刘经人介绍来到当地的一家橡胶厂工作，应聘的时候该单位承诺正式工作后会和他签订劳动合同。可是入职的时候企业并未与他签订合同。小刘心想或许得等自己过了试用期再签吧！转眼一个月过去了，企业还是没有和小刘签订劳动合同，这下小刘着急了，便去找自己的部门经理，想问清缘由。小刘问："我应聘的时候，咱们单位说是签订劳动合同的，为什么现在还不签呢？"部门经理回答说："是签的，不过得工作满一年以后才能签，现在不能签，这是规定。"该单位的规定合法吗？新员工报到后，应该什么时候签订劳动合同呢？

① 解答：ABD。

律师分析

《劳动合同法》第七条规定："用人单位自用工之日起即与劳动者建立劳动关系。用人单位应当建立职工名册备查。"第十条规定："建立劳动关系，应当订立书面劳动合同。已建立劳动关系，未同时订立书面劳动合同的，应当自用工之日起一个月内订立书面劳动合同……"因此，本案中，小刘自到该公司正式工作之日起即可与公司签订劳动合同，若当时未签订劳动合同，小刘在自他工作之日起一个月内可以要求与公司签订劳动合同。若公司自聘用他之日起，超过一个月不满一年未与他订立劳动合同，应当向他每月支付双倍的工资。

法条链接

《中华人民共和国劳动合同法》

第七条　用人单位自用工之日起即与劳动者建立劳动关系。用人单位应当建立职工名册备查。

第十条　建立劳动关系，应当订立书面劳动合同。

已建立劳动关系，未同时订立书面劳动合同的，应当自用工之日起一个月内订立书面劳动合同。

用人单位与劳动者在用工前订立劳动合同的，劳动关系自用工之日起建立。

第八十二条第一款　用人单位自用工之日起超过一个月不满一年未与劳动者订立书面劳动合同的，应当向劳动者每月支付二倍的工资。

温馨提示

有些用人单位迫于国家的法规政策不得不承诺与劳动者签订劳动合同，但他们并不是不折不扣地执行，而是大打折扣。承诺签订劳动合同，但必须工作满半年、一年或是更久才能签订劳动合同，这不符合法律规定，是违法行为。如果遇到此种情况，广大劳动者可以通过法律手段来维护自身的合法权益。

自测小题

选择：找到一份新工作后，如果用人单位就什么时候签订劳动合同征求你的意见，你会选择（　　）①。

A. 入职第一天　　B. 试用期过后

C. 半年后　　D. 不签了

劳动合同签订后，单位将全部合同扣留不给员工留存，合法吗？

案例实录

白某是某私立医院的护士，在白某入职时，曾与该单位签订了一份劳动合同，但该医院以应将劳动合同统一管理、防止不法分子窃取公司机密为由，收走了原本属于白某的那份劳动合同。有几次白某前去索要，都被医院领导以医院的相关规定为由拒绝。不仅如此，白某提出再看一次合同内容的要求也被拒绝了。白某

① 解答：A。

为此感觉很不安，生怕这里面有什么问题。无奈之下，白某向当地的劳动仲裁部门请求帮助。那么，该医院的做法对吗？白某有没有权利拿回属于自己的那份劳动合同呢？

律师分析

该医院的做法违反了《劳动合同法》的相关规定，是违法的，白某有权拿回属于自己的那份劳动合同。根据《劳动合同法》第十六条第二款的规定，劳动合同文本由用人单位和劳动者各执一份。劳动合同是证明劳动者和用人单位双方劳动权利义务关系的书面凭证，签订时一般至少应当是一式两份，劳动者和用人单位各执一份，一方面可以使双方都明确自己的权利义务，另一方面当发生争议时也可以作为证据使用。因此，无论基于何种理由，用人单位都无权扣留属于劳动者的合同文本。

法条链接

《中华人民共和国劳动合同法》

第十六条　劳动合同由用人单位与劳动者协商一致，并经用人单位与劳动者在劳动合同文本上签字或者盖章生效。

劳动合同文本由用人单位和劳动者各执一份。

温馨提示

在我国，一般来说劳动合同应一式三份，公司一份、个人一份、给员工入保险的社保局一份，这三份合同各有所属，任何人不能以任何理由扣留原本属于他人的劳动合同。如果将来公司、个人和社保局三者之间发生矛盾，都可以将此劳动合同作为解决纠纷的依据。此外，手中持有劳动合同并且在劳动合同上签字盖章就代表该相关方已经知晓合同的条款并同意遵守，不能以不知晓合同内容为由拒绝遵守。

自测小题

填空：劳动合同签订后，劳动者自执一份的意义在于：____。[1]

用人单位能够对前来应聘的人员随便收取费用吗？

案例实录

某超市是该市一家大型连锁超市，效益很好，待遇也不错，现在正在招募员工。小张一直待业在家，听说了此事便前去应聘。通过面试后，工作人员告诉小张第二天带1000元现金和一张2寸免冠照片前来办理入职手续。小张忙问："为什么要带1000元现金？"工作人员解释道："这是押金，超市的东西这么多，你刚来大家都不了解你，万一你有什么事大家去哪儿找你啊？别担心，这个钱下个月发工资时自然会退给你。"小张经过多方打听后才得知，原来该超市工资也是一个月押一个月地结，因为新员工没有工资押所以让他们交1000元押金。那么，该超市的做法对吗？用人单位能够对前来应聘的人员随便收取费用吗？

---

① 解答：劳动者留存劳动合同，不仅可以作为履行劳动合同内容的书面依据，也可以作为日后维权的依据。

律师分析

用人单位向求职的劳动者收取费用的行为是《劳动合同法》第九条所明确禁止的，如果用人单位存在违法收取费用的行为，要将收取的费用全部退还。如果因收取费用给劳动者造成损害的，应当承担赔偿责任。因此，本案中，该超市向小张收取押金的行为是违法的，如果已经收取，应当无条件退还，如果因此给小张造成损失，还应当予以赔偿。

法条链接

《中华人民共和国劳动合同法》

第九条　用人单位招用劳动者，不得扣押劳动者的居民身份证和其他证件，不得要求劳动者提供担保或者以其他名义向劳动者收取财物。

第八十四条第一款　用人单位违反本法规定，扣押劳动者居民身份证等证件的，由劳动行政部门责令限期退还劳动者本人，并依照有关法律规定给予处罚。

第二款　用人单位违反本法规定，以担保或者其他名义向劳动者收取财物的，由劳动行政部门责令限期退还劳动者本人，并以每人五百元以上二千元以下的标准处以罚款；给劳动者造成损害的，应当承担赔偿责任。

温馨提示

“找工作被要求交押金”的情况在我们日常生活中时有发生。有些人认为押金早晚是要退回来的，还是自己的，没有多想便交了；还有些人拗不过用人单位，又真心希望得到这份工作，没办法只能交了。但是对应聘人员收取押金的行为本身是违法的，是我国法律明令禁止的行为，它侵害了应聘人员的合法权益。如果今后我们再遇到这种情况就要果断地拒绝，运用法律武器来维护自身的权益。

自测小题

判断：用人单位扣押新员工第一个月的工资作为履行劳动合同的担保，是合法合规的。（　）①

没有明确约定报酬，也没有书面的劳动合同，劳动者工资如何计算？

案例实录

孙某和李某是同学，李某自己开了一家面粉厂，急需员工。此时孙某前来应聘，李某对孙某说："咱们这么多年的同学，我能亏待你吗？你就在这儿踏踏实实地干，到年底我绝对少不了你的奖金。"孙某问："那还用签合同吗？我具体做什么工作呢？"李某说："我这是个面粉厂，规模又不大，不签合同，也没什么分工不分工的，需要干啥就干啥，都是这样。"孙某碍于同学的面子也不好再追问下去，便同意了，尽心尽力地在面粉厂工作。转眼年底到了，李某请全体员工吃饭，席间提到"大家一年来很辛苦，今天请大家吃个饭，对大家表示感谢"，但此后李某只字未提给孙

① 解答：错误。

某年终奖的事情。孙某并没有与李某签订书面的劳动合同，也没有明确的报酬约定，在此种情况下，孙某可以要求李某支付年终奖吗？

律师分析

根据《劳动合同法》第十八条的规定，用人单位未在用工的同时订立书面劳动合同，与劳动者约定的劳动报酬不明确的，新招用的劳动者的劳动报酬按照集体合同规定的标准执行；没有集体合同或者集体合同未规定的，实行同工同酬。具体到本案，如果面粉厂与员工签订集体合同，则孙某的报酬等事宜可以按集体合同的标准执行；如果面粉厂未与员工签订集体合同，则实行同工同酬，即与公司内从事相同劳动、付出等量劳动且取得劳动成绩的劳动者，获得同等的劳动报酬。即，如果李某给予其他员工年终奖，就要给予孙某同样的奖金。

法条链接

《中华人民共和国劳动合同法》

第十八条　劳动合同对劳动报酬和劳动条件等标准约定不明确，引发争议的，用人单位与劳动者可以重新协商；协商不成的，适用集体合同规定；没有集体合同或者集体合同未规定劳动报酬的，实行同工同酬；没有集体合同或者集体合同未规定劳动条件等标准的，适用国家有关规定。

第五十五条　集体合同中劳动报酬和劳动条件等标准不得低于当地人民政府规定的最低标准；用人单位与劳动者订立的劳动合同中劳动报酬和劳动条件等标准不得低于集体合同规定的标准。

温馨提示

很多时候，我们在与熟人打交道时往往不好意思提钱的事情，但到最后，问题还都要回到钱上。针对劳动关系中出现此种情况时的救济方法，我国法律提出了同工同酬的方案，用来维护劳动者的合法利益，但这种处理方法往往和劳动者的预期是有差距的，所以，我们鼓励劳动者无论在什么情况下都应该把相应的工资报酬、劳动合同等重要事项书面落实下来，不要含混不清。

自测小题

填空：劳动合同中约定工资报酬不明确的，劳动者的工资由____。[①]

用人单位能够以办手续为由扣押劳动者的身份证吗？

案例实录

王某到本市的一家大型商场应聘业务员，经过层层面试筛选后，终于与该商场签订了劳动合同。但该商场的工作人员没有让王某立即上班，商场工作人员声称，要正式工作还需要办理很多手续，他让王某暂且将身份证留下，回家等消息，待公司把所有手续都办齐后会打电话通知王某，那时王某才能够正式上班。王某询问办手续需要多久，工作人员说：“快的话三天，慢的话一个

---

① 解答：用人单位与劳动者重新协商；协商不成的，适用集体合同规定；没有集体合同或者集体合同未规定劳动报酬的，实行同工同酬。

星期。”还让王某不要着急，耐心等待。王某担心这期间自己会用到身份证，但为了得到这份工作又不敢拒绝。那么，该商场的做法正确吗？他们能够以办手续为由扣押员工的身份证吗？

律师分析

无论在什么情况下，无论以什么理由，用人单位都不能扣押劳动者的身份证及其他证件。扣押身份证是违反《劳动合同法》第九条规定的行为，要受到相应的行政处罚。如果因扣押证件给劳动者造成了实际的经济损失，还要依法承担赔偿责任。因此，本案中，该商场的做法是错误的，他们不能扣押王某的身份证。面对商场提出的无理要求，王某可以拒绝。

法条链接

《中华人民共和国劳动合同法》

第九条　用人单位招用劳动者，不得扣押劳动者的居民身份证和其他证件，不得要求劳动者提供担保或者以其他名义向劳动者收取财物。

第八十四条　用人单位违反本法规定，扣押劳动者居民身份证等证件的，由劳动行政部门责令限期退还劳动者本人，并依照有关法律规定给予处罚。

用人单位违反本法规定，以担保或者其他名义向劳动者收取财物的，由劳动行政部门责令限期退还劳动者本人，并以每人五百元以上二千元以下的标准处以罚款；给劳动者造成损害的，应当承担赔偿责任。

劳动者依法解除或者终止劳动合同，用人单位扣押劳动者档案或者其他物品的，依照前款规定处罚。

温馨提示

身份证是一个公民对自己身份和从事与身份有关的行为的有力证明。为了保护公民的自身权益，我国法律不允许用人单位以任何名义扣押员工的身份证，凡是扣押员工身份证的行为都是违法的，如果因此造成经济损失，用人单位还负有赔偿的义务。为了更好地保护劳动者的合法权益，我们也告诫所有劳动者对此种情况多加注意，以免上当受骗，造成不必要的麻烦。

自测小题

判断：用人单位在招工时不能扣押劳动者的学历证书。(　　)[①]

包工计件的工作能签订劳动合同吗?

案例实录

某电缆桥架厂是一家依订单组织生产的私营企业，即有订单就组织生产，没有订单就不组织生产。基于此种情况，该电缆桥架厂制定了包工计件的工资计算标准，以小组为单位，按照每个小组实际完成的数额来发放工资。没有订单、不组织生产时就不发工资。

黄某会气保焊，年初，他来到该电缆桥架厂应聘焊工，在了解该公司的现实情况后，黄某认为包工计件没有错，可是该电缆

① 解答：正确。

桥架厂却因此不和工人们签订劳动合同显得不太合理，毕竟有了劳动合同工人们心里才有底。那么，包工计件的工作可以签订劳动合同吗？

律师分析

本案中，某电缆桥架厂是以订单量来决定工作时长的，工作性质是计件制，不是正常情况下的比较稳定的工作，没有固定的劳动期限。根据《劳动合同法》第十二条、第十五条的规定，劳动合同分为固定期限劳动合同、无固定期限劳动合同和以完成一定工作任务为期限的劳动合同。以完成一定工作任务为期限的劳动合同，是指用人单位与劳动者约定以某项工作的完成为合同期限的劳动合同。因此，黄某可以在接手一个订单的工作前和桥架厂签订针对这一项工作的劳动合同，以保障黄某在此段工作时间内的合法权益；同时，签订劳动合同也可以让桥架厂在此项任务执行中没有后顾之忧，不用担心员工出现中途离职等问题，这也能保护该厂的利益。所以，针对计件工作，用人单位与劳动者协商一致，可以订立以完成一定工作任务为期限的劳动合同。

法条链接

《中华人民共和国劳动合同法》

第十二条　劳动合同分为固定期限劳动合同、无固定期限劳动合同和以完成一定工作任务为期限的劳动合同。

第十五条　以完成一定工作任务为期限的劳动合同，是指用人单位与劳动者约定以某项工作的完成为合同期限的劳动合同。

用人单位与劳动者协商一致，可以订立以完成一定工作任务为期限的劳动合同。

温馨提示

包工计件制有利于提高劳动生产率，鼓励能者多劳，多劳多得。但是，由于企业订单的不稳定性可能会出现某段时间内没有订单、不组织生产的情况，在这种情形下，我们也可以通过劳动合同来约束和保障劳动双方的义务和权利，只是比常规的生产企业与职工签订劳动合同稍微烦琐些。但是，为了避免不必要的麻烦，保护自己的合法权益，我们还是建议广大包工计件的劳动者和用人单位就每一份订单签订相应的劳动合同。

自测小题

判断：甲从某公司揽了一批手工活，按件计费，她可以要求和用人单位签订劳动合同。(　　)①

到分公司工作还需要与总公司签订劳动合同吗?

案例实录

徐某是一名大学应届毕业生。经过层层的面试筛选后，许某成功地应聘到一家大型集团公司。在学校的招聘会上，该集团公司与许某签订了劳动合同，但工作地点是该集团公司下属的一家杭州分公司，徐某不解，便向相关人士咨询。该集团的工作人员称，他们所有分公司均没有独立法人资格，各分公司的人员招聘基本上都是

① 解答：正确。

由总公司进行的，总公司面试合格后签订劳动合同，然后通过劳务派遣分配到各个分公司，分公司也可以自行招聘，但劳动合同必须由总公司出面签订。那么，该集团公司的做法正确吗？徐某到该集团公司的分公司工作，还需要与总公司签订劳动合同吗？

律师分析

《劳动合同法实施条例》第四条规定："劳动合同法规定的用人单位设立的分支机构，依法取得营业执照或者登记证书的，可以作为用人单位与劳动者订立劳动合同；未依法取得营业执照或者登记证书的，受用人单位委托可以与劳动者订立劳动合同。"根据本条规定，依法取得营业执照或者登记证书的分支机构具有用工主体资格，可以作为用人单位与劳动者订立劳动合同，可以直接作为劳动合同中的用人单位一方。未依法取得营业执照或者登记证书的分支机构，只能受用人单位委托与劳动者订立劳动合同，即劳动合同中的用人单位只能是设立该分支机构的单位，不能将分支机构直接列为用人单位。徐某参加工作的分公司不具有独立法人资格、没有取得营业执照，因此，徐某应当与该集团公司签订合同，而不能直接与该分公司订立劳动合同。但是，需要注意的是，该集团公司的做法是错误的，其在招聘中或者签订合同时应当明确告知徐某，而不应对此隐瞒，否则存在欺诈劳动者的嫌疑，劳动合同的效力就会大打折扣。

法条链接

《中华人民共和国劳动合同法实施条例》

第四条　劳动合同法规定的用人单位设立的分支机构，依法取得营业执照或者登记证书的，可以作为用人单位与劳动者订立劳动合同；未依法取得营业执照或者登记证书的，受用人单位委托可以与劳动者订立劳动合同。

温馨提示

很多集团公司都会有下属的分公司，分公司一般没有独立的法人资格，所以不能与劳动者签订劳动合同，而只能以总公司的名义来签订，或者根据总公司的委托来签订。如果分公司在没有总公司授权的情况下签订了劳动合同，是不合法的，会损害劳动者的合法权益。但有些集团旗下的子公司具有独立法人资格，这时如果子公司与劳动者签署劳动合同便是合法的。

自测小题

填空：________①的分公司可以作为用人单位和劳动者签订劳动合同。

劳动关系已经确立，但没有签订劳动合同，劳动者权益该如何保障？

案例实录

小桃大学毕业后在当地的一家私企找到了一份工作。因为单位规模较小，老板说签订劳动合同太麻烦了，所以没有签订劳动合同。工作半年后，小桃觉得该企业不合适自己进一步发展，所

① 解答：依法取得营业执照或者登记证书。

以决定辞职。该企业老板说："辞职可以，但不发本月工资。"小桃追问原因，老板说："你来的时候什么都不会，现在我教会了你，你又要走，我的付出不是白费了吗？扣点钱是应该的。"小桃争辩无果，说："如果你不把工资给我，我就去告你。"老板笑着说："告吧，反正也没有劳动合同，我看你怎么告？"那么，没有劳动合同就没有办法维护自己的合法权益了吗？在此种情况下我们该怎么做呢？

律师分析

实践中，用人单位不与聘用的劳动者订立劳动合同的现象时有发生，这就致使发生争议时，劳动者的合法权益难以维护。根据《劳动合同法》第十条的规定，劳动关系自用人单位用工之日起建立，已建立劳动关系，未同时订立书面劳动合同的，应当自用工之日起一个月内订立书面劳动合同。如果用人单位招用劳动者未与之订立劳动合同，但劳动者能出示工资支付凭证、缴纳社会保险费的记录、用人单位发放的工作证和服务证、劳动者填写的用人单位招聘登记表和报名表以及考勤的记录等，就可以证明双方劳动关系的存在。只要劳动者能证明劳动关系的存在，即使没有书面劳动合同，劳动者与用人单位之间也存在事实劳动关系，劳动者的合法权益就能得到法律的保障。同时，根据《劳动合同法》第八十二条第一款的规定，如果用人单位自用工之日起超过一个月不满一年未与劳动者订立书面劳动合同的，自劳动者进入公司一个月至一年期间，可以要求公司每月支付他二倍的工资。如果用人单位满一年未与劳动者签订劳动合同，即视为用人单位与劳动者已经签订无固定期限劳动合同。

法条链接

《中华人民共和国劳动合同法》

第十条　建立劳动关系，应当订立书面劳动合同。

已建立劳动关系，未同时订立书面劳动合同的，应当自用工之日起一个月内订立书面劳动合同。

用人单位与劳动者在用工前订立劳动合同的，劳动关系自用工之日起建立。

第八十二条第一款　用人单位自用工之日起超过一个月不满一年未与劳动者订立书面劳动合同的，应当向劳动者每月支付二倍的工资。

劳动部[①]《关于贯彻执行〈中华人民共和国劳动法〉若干问题的意见》

第十七条　用人单位与劳动者之间形成了事实劳动关系，而用人单位故意拖延不订立劳动合同，劳动行政部门应予以纠正。用人单位因此给劳动者造成损害的，应按劳动部《违反〈劳动法〉有关劳动合同规定的赔偿办法》（劳部发〔1995〕223号）的规定进行赔偿。

温馨提示

虽然国家法律规定就业必须签订劳动合同，但很多时候用人单位并不与就业人员签订劳动合同，他们认为没有劳动合同，当纠纷发生时就业人员便无从证明其在本单位劳动的真实性，就业

① 现为人力资源和社会保障部。

人员便不能对自己主张权利。针对此种情况，我国法律也有相应的处理办法以维护劳动者的合法权益。但即便如此，我们在就业时也要尽量与用人单位签订劳动合同，这样才能更好地维护自身的合法权益。

自测小题

选择：用人单位没有和劳动者签订劳动合同，劳动者可以用以下哪些证据证明劳动关系存在？（　　）①

A. 考勤卡　　B. 工资支付凭证

C. 社保缴纳记录　　D. 工作证

无固定期限劳动合同是什么？在什么情况下可以签订这种合同？

案例实录

某国企因经营不善准备买断职工工龄。小张是该企业的员工，至今已工作八年。买断职工工龄的相关政策一出台，小张就傻眼了，一看别人的补偿金都有好几万，有的甚至有十几万，自己却只有两万元。他不明白这是为什么，不是买断吗？自己还这么年轻，离退休还有那么多年，为什么补偿金这么少呢？他带着疑问咨询了部门经理刘某。刘某解释道："企业员工分为两种，合同工和长期工（签订无固定期限劳动合同），只有工作年限满十年的

① 解答：ABCD。

员工才可以成为长期工，你工作了八年，还有两年合同就到期了，所以企业只买断你剩下这两年。”该部门经理的说法正确吗？无固定期限的劳动合同必须工作满十年以后才能与企业签订吗？

律师分析

刘某的说法是正确的。《劳动合同法》第十四条明确规定，用人单位初次实行劳动合同制度或者国有企业改制重新订立劳动合同时，劳动者在该用人单位连续工作满十年且距法定退休年龄不足十年的，除劳动者提出订立固定期限劳动合同外，应当订立无固定期限劳动合同。小张工作不满十年，也不能满足其他可以签订无固定期限劳动合同的条件，因此不能签订无固定期限的劳动合同，所以，小张的补偿期限只能到所签合同结束时止。

法条链接

《中华人民共和国劳动合同法》

第十四条　无固定期限劳动合同，是指用人单位与劳动者约定无确定终止时间的劳动合同。

用人单位与劳动者协商一致，可以订立无固定期限劳动合同。有下列情形之一，劳动者提出或者同意续订、订立劳动合同的，除劳动者提出订立固定期限劳动合同外，应当订立无固定期限劳动合同：

（一）劳动者在该用人单位连续工作满十年的；

（二）用人单位初次实行劳动合同制度或者国有企业改制重新订立劳动合同时，劳动者在该用人单位连续工作满十年且距法定退休年龄不足十年的；

（三）连续订立二次固定期限劳动合同，且劳动者没有本法

第三十九条和第四十条第一项、第二项规定的情形，续订劳动合同的。

用人单位自用工之日起满一年不与劳动者订立书面劳动合同的，视为用人单位与劳动者已订立无固定期限劳动合同。

温馨提示

我国法律规定企业员工在工作满一定的年限后，可以和企业签订无固定期限的劳动合同，成为企业的“长期工”，此时，员工可以在该企业一直工作到退休，中间不需要另行签订合同。这样的规定是为了方便企业，也是为了维护就业人员的利益。但不符合签订无固定期限劳动合同条件的员工就只能签订普通的有期限的劳动合同了。

自测小题

判断：小张在公司工作了一年多，公司还没有和她签订劳动合同，那么，应当视为公司和小张签订了无固定期限的劳动合同。(　　)①

做非全日制用工工作的，需要和用人单位订立劳动合同吗？

案例实录

王某是一个成熟会计。他辞去了原来的工作，还未找到新的工作，于是找了一份非全日制用工工作。因为王某素来工作认真

① 解答：正确。

负责，当王某的非全日制用工工作做满一个月后，该单位领导觉得王某的工作能力很强，想长久地留住王某，所以决定和王某签订劳动合同。但是，王某觉得自己想找的是其他全日制工作，没必要签订，所以婉言拒绝了。王某这么做对吗？他可以不与该公司签订劳动合同吗？

律师分析

王某找的这份工作属于非全日制用工。《劳动合同法》第六十九条规定："非全日制用工双方当事人可以订立口头协议。从事非全日制用工的劳动者可以与一个或者一个以上用人单位订立劳动合同；但是，后订立的劳动合同不得影响先订立的劳动合同的履行。"因此，王某可以拒绝与该单位签订书面的劳动合同。

法条链接

《中华人民共和国劳动合同法》

第六十九条　非全日制用工双方当事人可以订立口头协议。

从事非全日制用工的劳动者可以与一个或者一个以上用人单位订立劳动合同；但是，后订立的劳动合同不得影响先订立的劳动合同的履行。

温馨提示

劳动合同的相关规定主要用来约束全日制的一般工作单位和员工，针对非全日制的企业和员工，因为劳动时间较短、工作地点不固定以及薪资的支付较为灵活等现实情况，员工和单位可以有选择地签订劳动合同，是否签订劳动合同应基于双方意见一致办理，如果一方不愿签订，另一方不得强迫。此外，非全日制用工合同的订立应以不影响劳动者的本职工作为前提。

自测小题

判断：非全日制用工的人可以和用人单位协商签订劳动合同。(　　)①

用人单位要求签订劳动合同而劳动者拒签，该怎么办？

案例实录

陈某是某厂的一名普通车间工人，工作卖力，深受单位领导喜欢。但自从陈某来到该单位后，单位领导曾多次找到陈某，想与陈某签订正式的劳动合同，都被陈某以各种理由拒绝了。陈某有自己的考虑，他只想干到今年年底就回老家结婚，婚后他就不回这边了。如果把劳动合同签了，离职的时候自己就会承担违约责任，而他也不敢将自己的情况告诉厂方，他怕厂方知道他干不长久就不会用他了。但是单位人事科知道，如果单位一个月内不与劳动者签订劳动合同，厂方就要支付给劳动者双倍的工资。针对这种情况，厂方怎样做才能够避免承担相应的责任呢？

律师分析

《劳动合同法实施条例》第五条规定："自用工之日起一个月内，经用人单位书面通知后，劳动者不与用人单位订立书面劳动

---

① 解答：正确。

合同的，用人单位应当书面通知劳动者终止劳动关系，无需向劳动者支付经济补偿，但是应当依法向劳动者支付其实际工作时间的劳动报酬。”本条的规定给了用人单位一个终止劳动关系的权利。当然，这里用人单位需举证证明已经书面通知劳动者签订合同，而劳动者不签订书面劳动合同，因此，用人单位应当具有证据意识，在书面通知送达时应当有劳动者的签收证据或其他可证明已经向劳动者送达书面通知的证据。本案中，陈某所在的工厂可以书面通知陈某与工厂签订书面劳动合同，如果陈某拒绝签订，厂方有权单方面解除劳动关系，并且无需向陈某支付经济补偿，只需要支付陈某工作期间的工资。

法条链接

《中华人民共和国劳动合同法实施条例》

第五条　自用工之日起一个月内，经用人单位书面通知后，劳动者不与用人单位订立书面劳动合同的，用人单位应当书面通知劳动者终止劳动关系，无需向劳动者支付经济补偿，但是应当依法向劳动者支付其实际工作时间的劳动报酬。

温馨提示

有时劳动者出于自身的考虑，也会主动拒绝和用人单位签订劳动合同，针对此种情况，如果再让用人单位因此承担双倍工资的赔偿就不合理了。为此，我国法律规定，如果是劳动者不愿签订劳动合同，只要用人单位能够提供相应的证明材料就可以终止与劳动者的劳动关系，企业无需承担因为没有签订劳动合同而需要支付劳动者双倍工资的补偿。

自测小题

填空：劳动者不愿意和用人单位签订劳动合同，________，[1]可以不支付劳动者补偿金。

外资企业有关劳动关系的规定，适用我国的《劳动合同法》吗？

案例实录

小青毕业后找到了一份十分令人羡慕的工作，到当地的一家日商投资企业做翻译。工资高、待遇好、合同期长，这是很多人梦寐以求的工作。但是天有不测风云，2020 年 3 月，因经营效益不好，总部决定撤资。该企业规定所有日籍人员全部调回总部重新安排工作，其他国籍的员工一律解除合同。这就意味着小青即将失业。小青和公司领导理论，想要为自己多争取一些机会，但企业领导不为所动。无奈，小青向当地劳动仲裁委员会提起了仲裁申请。请问，该外企的做法正确吗？我国境内的外商投资企业适用我国的《劳动合同法》吗？

律师分析

劳动合同是保障劳动者合法权益的保护伞，工会是劳动者的代理人，有权代表劳动者与资方进行谈判。在正常情况下，用人单位包括外资企业在内均不得在合同期限内与劳动者解除合约，

① 解答：用人单位书面通知签订劳动合同后。

用人单位与劳动者解除劳动合同必须遵循一定的程序。《劳动合同法》第二条第一款规定：“中华人民共和国境内的企业、个体经济组织、民办非企业单位等组织（以下称用人单位）与劳动者建立劳动关系，订立、履行、变更、解除或者终止劳动合同，适用本法。”同时，根据《劳动合同法》第四十三条的规定，用人单位单方解除劳动合同，应当事先将理由通知工会。用人单位违反法律、行政法规规定或者劳动合同约定的，工会有权要求用人单位纠正。用人单位应当研究工会的意见，并将处理结果书面通知工会。所以，即使是外资在华企业也要遵守我国法律，按法定程序解决问题。

法条链接

《中华人民共和国劳动合同法》

第二条第一款　中华人民共和国境内的企业、个体经济组织、民办非企业单位等组织（以下称用人单位）与劳动者建立劳动关系，订立、履行、变更、解除或者终止劳动合同，适用本法。

第四十三条　用人单位单方解除劳动合同，应当事先将理由通知工会。用人单位违反法律、行政法规规定或者劳动合同约定的，工会有权要求用人单位纠正。用人单位应当研究工会的意见，并将处理结果书面通知工会。

温馨提示

驻华外商投资企业，虽然它的总部设在国外，性质属于外资企业，但因为它是在中国国内设立的，根据属地主义原则，这样的企业同样要遵守我国的相关法律规定，对所有员工一视同仁。

实践中，我们不能以投资者是外国人，不懂或者不应该适用我国的法律为由，网开一面。外资企业违反我国法律相关规定的，也应依法承担相应的责任。

自测小题

判断：在中国的外国企业和员工都要遵守和适用中国的法律。(　　)①

① 正确。

第二章

如何解除劳动合同

用人单位未按劳动合同约定支付报酬，劳动者可以单方解除劳动合同吗？

案例实录

林某大学毕业后与一家程序设计公司签订了劳动合同，合同中约定的月薪为3000元。前两个月，林某都领到了全额的工资。从第三个月开始，林某却只能领到2800元或2600元的工资。林某不解，找相关部门询问，公司声称是因为林某的工作业绩不好，刚好公司最近生意也不景气，因此适当减薪。林某以为过两个月就好了，没想到一连四五个月，工资不升反降，林某向公司抗议，得到的总是相同的答复，无任何实质理由。林某决定解除合同，公司却认为林某不能单方解约。那么，林某有权单方面解约吗？

律师分析

林某有权单方面解约。作为劳动者，在就业关系中本来就属于弱势群体，其合法权益很容易受到侵害。对此，立法机关在立法时，制定了相应的保护条款。《劳动合同法》第三十八条就规定了劳动者可以单方面解除劳动合同的几种情况：（1）用人单位未按照劳动合同约定提供劳动保护或者劳动条件的；（2）用人单位未及时足额支付劳动报酬或者未依法为劳动者缴纳社会保险费的；（3）用人单位的规章制度违反法律、法规的规定，损害劳动者权益的；（4）用人单位因欺诈等致使劳动合同无效的；（5）用人单位以暴力、威胁或者非法限制人身自由的手段强迫劳动者劳动的，或者用人单位违章指挥、强令冒险作业危及劳动者人身安全的；（6）法律、行政法规规定劳动者可以解除劳动合同的其他情形。

本案中，林某每月的薪金减少，这和最初与用人单位的约定不同。林某工作业绩的好坏与约定好的薪金是没有关系的，用人单位的行为属于无故克扣工资的行为，该行为严重地侵害了林某的合法权益，根据《劳动合同法》第三十八条的规定，林某可以单方面宣布解除与用人单位的劳动关系。

法条链接

《中华人民共和国劳动法》

第三十二条　有下列情形之一的，劳动者可以随时通知用人单位解除劳动合同：

（一）在试用期内的；

（二）用人单位以暴力、威胁或者非法限制人身自由的手段强迫劳动的；

（三）用人单位未按照劳动合同约定支付劳动报酬或者提供劳动条件的。

《中华人民共和国劳动合同法》

第三十八条第一款　用人单位有下列情形之一的，劳动者可以解除劳动合同：

（一）未按照劳动合同约定提供劳动保护或者劳动条件的；

（二）未及时足额支付劳动报酬的；

（三）未依法为劳动者缴纳社会保险费的；

（四）用人单位的规章制度违反法律、法规的规定，损害劳动者权益的；

（五）因本法第二十六条第一款规定的情形致使劳动合同无效的；

（六）法律、行政法规规定劳动者可以解除劳动合同的其他情形。

温馨提示

劳动者在试用期外解除合同一般要遵守“提前三十日通知”和“书面形式”的规定，但存在《劳动合同法》第三十八条规定的六种情形，即用人单位存在过错时，劳动者可以随时通知用人单位解除合同，而无需遵守这两个规定。

自测小题

选择：在以下哪些情形下，劳动者可以随时通知用人单位解除劳动合同？（　　）①

A. 公司没有足额支付工资

B. 公司没有缴纳社保

C. 公司规定员工不能在其他地方兼职

D. 公司没按约定给员工提供劳动保护

① 解答：ABD。

用人单位可以解聘拒绝接受工作安排的劳动者吗?

案例实录

吕某是某家具厂的工人，在该厂已经工作了近二十年，一直在一线负责木板切割打磨，非常辛苦。近几个月，吕某总是不自觉地咳嗽，起初以为是感冒，吃了些药总不见好，而且咳嗽越来越频繁。于是吕某去医院就医，才发现自己患上了哮喘，医生让他马上住院治疗。医生认为吕某患病可能来自父母的遗传，只能控制，不好根治，并建议他换工作。吕某向厂里说明情况后，在医院治疗了半个多月，情况有些好转，但要长期吃药，而且不能再在车间工作。厂里根据他的情况将他安排到后勤做管理工作，但吕某嫌后勤工资太低，拒绝厂里的安排。厂领导因此提出要解聘他。吕某不服，那么，公司可以解聘他吗?

律师分析

劳动者患病或者非因工负伤，在规定的医疗期满后应当及时回到工作岗位工作。但是一个人在患病或负伤以后，就算伤患处康复了，可能本人从体能、技能来说已经不如以前，有的人就可能不太适合从事原工作，尤其是一些技术工、体力工，更会出现这样的情况。劳动者出现这样的情况，用人单位应当根据劳动者的具体情况对其进行劳动岗位的变更，使其最大限度地发挥其才能。吕某在家具厂的车间工作，他在患病后，体能下降，不能从事一线工作，厂里安排其到后勤从事管理工作，是照顾他的情况。但是吕某仅因为后勤工作收入低拒绝厂里的安排。根据《劳动合同法》第四十条的规定，劳动者患病或者非因工负伤，在规定的医疗期满后不能从事原工作，也不能从事由用人单位另行安排的工作的，用人单位提前三十日以书面形式通知劳动者本人或者额外支付劳动者一个月工资后，可以解除劳动合同。因此，本案中家具厂在吕某拒绝到后勤工作后，可以根据法律程序将其解聘。

法条链接

《中华人民共和国劳动合同法》

第四十条　有下列情形之一的，用人单位提前三十日以书面形式通知劳动者本人或者额外支付劳动者一个月工资后，可以解除劳动合同：

（一）劳动者患病或者非因工负伤，在规定的医疗期满后不能从事原工作，也不能从事由用人单位另行安排的工作的；

……

温馨提示

用人单位可以根据劳动合同履行中客观情况的变化而解除劳动合同。在劳动者患病或者非因工负伤的情况下，用人单位有义务为其调动岗位，选择其力所能及的工作，必要时可以进行培训或调整。若劳动者仍不能胜任，用人单位可以选择辞退并给予一定的经济补偿。

自测小题

判断：公司可以在医疗期内辞退劳动者。（　　）[1]

用人单位绝对不能开除怀孕的女职工吗？

案例实录

阚某在一家国有企业做行政工作。一年后，阚某结婚了。没过多久，她发现自己怀孕了，非常高兴。听同事说，法律规定单位不能开除怀孕的妇女，阚某的胆子便大了起来。每天迟到早退，缺席例会，工作稀里糊涂，令公司领导和其他员工非常不满。有一次甚至因为她的失职给公司造成不小的损失。办公室主任再三提醒她，但阚某听不进去，认为用人单位要保护女职工，不能因为职工怀孕、哺乳等原因将其开除。阚某的想法是正确的吗？

律师分析

阚某的想法不正确。很多劳动者和用人单位都认为用人单位绝对不得开除在孕期、产期、哺乳期的女职工，有一部分如阚某的女职工更是视“怀孕”为保护伞，我行我素。但是《劳动合同法》第四十二条第四款和第三十九条规定，女职工在孕期、产期、哺乳期，用人单位不得因公司经营困难、劳动者不能胜任工作等原因将其开除。但如果女职工在孕期、哺乳期工作时，严重违反用人单位的规章制度的；严重失职，营私舞弊，给用

[1] 解答：错误。

人单位造成重大损害的，用人单位可以与其解除劳动合同。阚某在工作中置公司的规章制度于不顾，并因工作失职给公司带来损失，公司可以根据《劳动合同法》第三十九条的规定解除与其的劳动合同。

法条链接

《中华人民共和国劳动合同法》

第三十九条　劳动者有下列情形之一的，用人单位可以解除劳动合同：

……

（二）严重违反用人单位的规章制度的；

（三）严重失职，营私舞弊，给用人单位造成重大损害的；

……

第四十二条　劳动者有下列情形之一的，用人单位不得依照本法第四十条、第四十一条的规定解除劳动合同：

……

（四）女职工在孕期、产期、哺乳期的；

……

温馨提示

法律为保护特定群体劳动者的合法权益而对用人单位进行一定的限制，这是法律的人性化关怀，用人单位应该遵守，劳动者也应该珍视法律赋予的权利，而不能利用这些规定胡作非为，做违法乱纪的事。一旦符合其他解除合同的条件，即便是受法律特殊保护的劳动者也有可能被辞退。

自测小题

选择：肖小姐正处于孕期，在肖小姐没有严重过错的情形下，出现以下哪些情形下，公司不能与其解除劳动合同？（　　）①

A. 提前三十天书面通知肖小姐

B. 额外支付肖小姐一个月工资

C. 和肖小姐协商一致解除劳动合同

D. 肖小姐主动辞职

用人单位无故单方面强行解除合同，应承担什么责任？

案例实录

2018年，石某毕业后就职于一家语言培训机构，因形象较好，公司安排其担任前台工作，劳动合同期限为三年。期间石某工作一直兢兢业业，也从不违反公司规定。2019年年底，合同还没到期，石某却接到公司通知，告知她公司下周将要与其解除劳动合同，没有给任何理由，也没有任何赔偿。石某以为是公司弄错了，就找到人事部门询问。工作人员告诉她，这是公司高层的决定，没有提到理由，他们也没办法。石某无奈，想到找律师咨询。那么，该公司无故单方面强行解除合同，应承担什么责任呢？

律师分析

公司单方面强行解除劳动合同的做法是违法的。公司可以和

① 解答：AB。

劳动者在协商一致的情况下解除劳动合同，如果单方面解除劳动合同，也应当在劳动者有过失的情况下实施。根据《劳动合同法》第四十八条、第八十七条的规定，如果石某的公司违反规定解除劳动合同，石某可以要求继续履行劳动合同。如果公司不同意继续履行，那么石某可以按照经济补偿金的两倍要求公司支付赔偿金。

法条链接

《中华人民共和国劳动合同法》

第四十七条　经济补偿按劳动者在本单位工作的年限，每满一年支付一个月工资的标准向劳动者支付。六个月以上不满一年的，按一年计算；不满六个月的，向劳动者支付半个月工资的经济补偿。

劳动者月工资高于用人单位所在直辖市、设区的市级人民政府公布的本地区上年度职工月平均工资三倍的，向其支付经济补偿的标准按职工月平均工资三倍的数额支付，向其支付经济补偿的年限最高不超过十二年。

本条所称月工资是指劳动者在劳动合同解除或者终止前十二个月的平均工资。

第四十八条　用人单位违反本法规定解除或者终止劳动合同，劳动者要求继续履行劳动合同的，用人单位应当继续履行；劳动者不要求继续履行劳动合同或者劳动合同已经不能继续履行的，用人单位应当依照本法第八十七条规定支付赔偿金。

第八十七条　用人单位违反本法规定解除或者终止劳动合同的，应当依照本法第四十七条规定的经济补偿标准的二倍向劳动者支付赔偿金。

温馨提示

劳动合同履行期间，用人单位不能随意解除合同。经用人单位与劳动者协商一致解除合同的，用人单位应按法律规定给予劳动者一定的补偿；若因劳动者患病、非因工负伤或者不能胜任工作而解除合同的，用人单位也要补偿。如果用人单位违反法律或合同约定解除，给劳动者造成损失的，还应赔偿劳动者的损失。

自测小题

填空：用人单位违法解除劳动合同的，赔偿金应当按照__________计算。①

劳动者因上班路上出车祸失去工作能力，用人单位能否解聘？

案例实录

某炼钢厂工人袁某，每天早上骑电动车到工厂上班，一向遵守交通规则，从未出过事故。不料2020年8月的一天，袁某像往常一样经过一个十字路口，见红灯马上亮了，便减速停了下来，还没停稳，后面一辆小轿车突然撞了上来，将袁某撞成重伤。经过半年的治疗，袁某脱离了生命危险，但大脑部分受损，影响了一部分智力，不能再做以前的工作。炼钢厂试图给袁某安排其他的岗位，发现他也不能胜任。于是工厂想要解聘他。袁某的家人

① 解答：经济补偿标准的二倍。

表示非常气愤。那么，像袁某这样的情况，炼钢厂可以解聘他吗？

律师分析

炼钢厂无权解聘袁某。袁某在上班的路上出车祸，导致脑部受创，根据《工伤保险条例》第十四条的规定，职工在上下班途中，受到非本人主要责任的交通事故或者城市轨道交通、客运轮渡、火车事故伤害的，应当认定为工伤。本案中的车祸发生在袁某上班途中，且并非袁某的责任，因此，袁某所受伤害应当认定为工伤，依法享受工伤保险待遇。袁某经过一段时期的治疗后，不能胜任以前的工作，也不能胜任后来安排的其他工作，炼钢厂要根据袁某的具体情况安排他可以胜任的工作，而不是简单地将其解聘。《劳动合同法》第四十二条和《劳动法》第二十九条规定，在本单位患职业病或者因工负伤并被确认丧失或者部分丧失劳动能力的，用人单位不得解除其劳动合同。

法条链接

《中华人民共和国劳动合同法》

第四十二条　劳动者有下列情形之一的，用人单位不得依照本法第四十条、第四十一条的规定解除劳动合同：

……

（二）在本单位患职业病或者因工负伤并被确认丧失或者部分丧失劳动能力的；

……

《中华人民共和国劳动法》

第二十九条　劳动者有下列情形之一的，用人单位不得依据本法第二十六条、第二十七条的规定解除劳动合同：

（一）患职业病或者因工负伤并被确认丧失或者部分丧失劳动能力的；

……

《工伤保险条例》

第十四条　职工有下列情形之一的，应当认定为工伤：

……

（六）在上下班途中，受到非本人主要责任的交通事故或者城市轨道交通、客运轮渡、火车事故伤害的；

……

温馨提示

《劳动合同法》为保护一些特殊劳动群体的利益，专门规定了用人单位不得解除劳动合同的一些情况，工伤便是其中一种。实践中用人单位对患职业病或者因工负伤并被确认丧失或者部分丧失劳动能力的劳动者，通常将其安排到劳动强度不大，工作稍轻松的工作岗位，如门卫、收发室等。这样既可以保证劳动者获得一定的收入，又可以在一定程度上减轻用人单位的负担。

自测小题

选择：小杨因为工伤丧失了部分劳动能力，公司的哪种做法是正确的？（　　）①

A. 在医疗期内辞退小杨

---

① 解答：B。

B. 给小杨安排其他适合的岗位

C. 在医疗期后辞退小杨

D. 裁员时趁机裁掉小杨

劳动者患精神疾病，用人单位可否辞退？

案例实录

熊某三十岁，在一家家装设计公司担任艺术总监，年轻有为。他和妻子结识于大学校园，毕业后结婚，有一个漂亮可爱的女儿，一家人过得非常幸福。可惜天有不测风云，2020 年元旦，妻子带着女儿回娘家，回来的路上乘坐出租车出了车祸，妻子和女儿均不幸离世。熊某无法接受这个事实，整日沉浸在悲伤和回忆中无法自拔。一开始亲戚朋友认为他需要时间，但两年多过去了，熊某的情况不但没有丝毫好转，反而更加严重。于是亲戚带熊某做精神鉴定，发现他因受到严重的刺激导致精神分裂，情况非常严重，治愈的可能性很小。公司得知后，想要辞退熊某。公司可否辞退熊某呢？

律师分析

公司可以将其辞退。法律上有一种情况是，劳动者在工作中没有过失，但合同已经无法正常履行，用人单位只能单方面解除劳动合同，这种情况被称为非过失性辞退。本案中，熊某因妻女离世成为重度精神病患者，已经不能从事原来的工作，不能正常地履行合同义务。当然，这并不是熊某的过错，但事实是熊某已经不能胜任家装设计公司艺术总监的工作了，公司不得不与其解除劳动合同。

此处有两点必须注意：第一，导致劳动者失去工作能力的疾病不能是职业病或因工负伤，不能与用人单位有任何关系；否则用人单位不能将其辞退。第二，劳动者患病、负伤，失去工作能力后，用人单位不能立即解除合同，必须给予一定的医疗期，医疗期结束后，再商谈解除合同的事宜。

法条链接

《中华人民共和国劳动合同法》

第四十条　有下列情形之一的，用人单位提前三十日以书面形式通知劳动者本人或者额外支付劳动者一个月工资后，可以解除劳动合同：

（一）劳动者患病或者非因工负伤，在规定的医疗期满后不能从事原工作，也不能从事由用人单位另行安排的工作的；

（二）劳动者不能胜任工作，经过培训或者调整工作岗位，仍不能胜任工作的；

（三）劳动合同订立时所依据的客观情况发生重大变化，致使劳动合同无法履行，经用人单位与劳动者协商，未能就变更劳动合同内容达成协议的。

温馨提示

《劳动合同法》第四十条是关于无过失性辞退的规定。用人单位可以根据劳动合同履行中客观情况的变化解除劳动合同，劳动者患病便是其中之一。另外，根据法律规定，用人单位在因劳动者的非过失性原因而解除合同时，还应当给予劳动者相应的经济补偿。

自测小题

判断：劳动者生病后，在医疗期内，用人单位不能辞退劳动者。(　　)[1]

企业经营发生严重困难，可否大规模裁员？

案例实录

2019年，许某就职于某咨询公司，签订了为期五年的劳动合同。从2020年起，受新冠肺炎疫情的影响，公司经营发生了严重困难，濒临破产，需要裁减一部分人员。公司高层会议决定了裁减方案，大概各部门要裁减20%的员工，许某也在其中。许某觉得不合理，与公司协商无果后，便决定向劳动仲裁机关申请仲裁。那么，该企业可以大规模裁员吗？在裁员的过程中又存在什么问题？

律师分析

该咨询公司裁员的情况属于经济性裁员，是可以的。经济性裁员，是指用人单位为了保护自己在市场经济中的生存能力和竞争能力，在濒临破产、进行法定整顿期间，辞退一部分职工，以改善经营状况。本案中，该公司为了渡过难关，采取经济性裁员，这原本是可行的。但是，该公司虽然具备了经济性裁员的法定事

① 解答：正确。

由，却没有履行法定的程序。根据《劳动合同法》第四十一条的规定，经济性裁员应遵循以下法定程序：首先是提前三十日告知工会，并听取工会的意见；然后向劳动部门报告裁减方案。企业在遭遇严重困难，有必要裁员时，经法定程序，可以裁减职工，降低成本，提高效率。如果没有履行法定程序，则视为裁员不合法，劳动者可以向劳动仲裁机关申请仲裁，保护自己的合法权益。本案中，该咨询公司采取的程序不合法，因此裁撤员工的行为无效，应当继续履行与陈某的合同。

法条链接

《中华人民共和国劳动合同法》

第四十一条第一款　有下列情形之一，需要裁减人员二十人以上或者裁减不足二十人但占企业职工总数百分之十以上的，用人单位提前三十日向工会或者全体职工说明情况，听取工会或者职工的意见后，裁减人员方案经向劳动行政部门报告，可以裁减人员：

（一）依照企业破产法规定进行重整的；

（二）生产经营发生严重困难的；

（三）企业转产、重大技术革新或者经营方式调整，经变更劳动合同后，仍需裁减人员的；

（四）其他因劳动合同订立时所依据的客观经济情况发生重大变化，致使劳动合同无法履行的。

温馨提示

经济性裁员是用人单位行使解除劳动合同权的方式之一。作为用人单位单方解除劳动合同的一种方式，其行使时必须满足法定的条件。这些条件包括实体性条件和程序性条件，只有两者同时具备，才是合法有效的经济性裁员。实践中，用人单位在进行经济性裁员时要注意程序的合法性，千万不要因程序违法致使自己的裁员行为无效。

自测小题

选择：在以下哪些情况下，用人单位可以裁减人员？（　　）①

A. 公司已经开始进行破产重整

B. 公司的生产经营发生严重困难

C. 公司调整了经营方向，需要转产

D. 公司想要节省开支，裁减人员

企业精减人员，可以辞退即将退休的老员工吗？

案例实录

王大爷五十八岁，在纺织厂工作了四十多年，按照规定还有两年就要退休。这么多年过去了，当时的小纺织厂如今变成了大的纺织公司，公司设备越来越先进，职工学历也越来越高。随着技术的提高，纺织厂不再需要那么多工人，遂考虑裁减部分职工。那么，作为厂里的老员工，王大爷会被辞退吗？

律师分析

王大爷不会被辞退。这是因为《劳动合同法》规定了用人单

① 解答：ABC。

位和职工解除劳动合同的限制性条款。老年人在市场经济中面临着与年轻人一样的竞争压力，但就其自身条件而言，老年人有太过明显的劣势。为了保护老年人的合法权益，有必要制定相应的保护条款。根据《劳动合同法》第四十二条第（五）项的规定，在本单位连续工作满十五年，且距法定退休年龄不足五年的职工，用人单位不能与其解除劳动合同。本案中，王大爷作为老职工，如果被辞退，再就业的可能性不大，其社会保险和基本生活来源无法保障，王大爷的生活就会陷入困境。而且，王大爷在纺织厂工作了四十多年，距法定退休年龄还有两年，符合法律规定的不得解除劳动合同的条件，所以王大爷不能被辞退。

法条链接

《中华人民共和国劳动合同法》

第四十二条　劳动者有下列情形之一的，用人单位不得依照本法第四十条、第四十一条的规定解除劳动合同：

……

（五）在本单位连续工作满十五年，且距法定退休年龄不足五年的；

……

温馨提示

《劳动合同法》规定了用人单位可以单方面解除劳动合同的法定情形，但为了保护一些特定群体劳动者的合法权益，该法第四十二条又规定了禁止用人单位单方面解除劳动合同的情形，“在本单位连续工作满十五年，且距法定退休年龄不足五年”便是其中之一，这类员工可以简单地理解为“老员工”，他们把自己的全部心血都献给了工作岗位，在即将到法定退休年龄时却被辞退，不但不符合社会道德观念，而且有悖法律保护弱势群体的原则，因此，法律严禁辞退这些“老员工”。

自测小题

问答：某手套厂的效益越来越不好，为了救厂，需要留下年轻能干的工人。周大姐三十岁就进厂了，现在四十八岁了，她很担心自己被裁。那么，周大姐如果被裁员，合法吗？①

用人单位可以解聘上班用 QQ 私聊的员工吗？

案例实录

某游戏研发公司的员工每人均有一台办公电脑，因此公司的工作规章制度中明确禁止员工在上班时间用 QQ 等聊天工具私聊。员工赵某很清楚这项规定，但仍然经常趁大家不注意用 QQ 和女朋友聊天。有一次被公司经理发现，赵某马上承认错误，并表示不会再犯。但他心里并不这么想，只是想更小心点。过了几天赵某私聊又被经理发现，经理非常生气，严厉地批评了赵某，并表示这是最后一次机会。赵某向经理一再保证。没想到经理不久后再次发现赵某私聊，于是提出要解雇赵某。那么，公司有权解雇赵某吗？

---

① 解答：不合法。

律师分析

公司有权解雇赵某。对劳动者来说，利用单位设备做与本职工作无关的事情，这种行为是不可取的。一般来说，员工偶尔使用微信、QQ 等工具进行私人聊天，只是轻微违纪，即使单位的规章制度规定“一次网聊私事即解除劳动合同”，因这对于员工而言惩处力度过大，也难以为人所接受，公司一般也会原谅员工的这一行为。但是员工多次违反公司规定私聊，被指出后拒不改正，这就加重了违纪情节。《劳动合同法》第三十九条规定，劳动者严重违反用人单位的规章制度的，用人单位可以与其解除劳动合同。因此，对于劳动者严重无视用人单位的规章制度，多次违反并拒不改正，尤其是对于一些严重违反公序良俗、触及法律底线、破坏正常工作秩序的行为，如员工上网聊天时大量传输淫秽图片等，即使规章制度中未将此列入应当解聘的行为，用人单位据此解除劳动关系，也有可能得到法律的支持。赵某所在的公司明确把员工私聊列为应当解除劳动合同的行为，赵某也明知这一规定，并先后多次违反，所以赵某所在的公司可以依法解除与他的劳动合同。

法条链接

《中华人民共和国劳动合同法》

第三十九条　劳动者有下列情形之一的，用人单位可以解除劳动合同：

……

（二）严重违反用人单位的规章制度的；

……

温馨提示

劳动者要清楚用人单位的各项规章制度，并严格遵守。若出现违反用人单位规章制度的情况，情况轻微的，用人单位可以按单位的规定口头予以警告，或者实行一定的惩罚措施。如果出现严重违反用人单位规章制度的情况，则用人单位有权解除劳动合同。作为劳动者要遵纪守法，这不仅是遵守职业道德的体现，也是保住自己“饭碗”的办法。

自测小题

判断：小赵将公司的签约机会转给别人，严重违反了公司的规章制度，公司可以单方面解除劳动合同。(　　)①

用人单位强令冒险作业的，劳动者有权随时解除劳动合同吗?

案例实录

梁师傅是工作多年的老矿工，带领着一帮新人常年在地下工作。在一次采矿任务中，梁师傅发现矿内情况异常，有出现坍塌的可能，便汇报领导请求停止采矿。没想到领导因为要赶一单交易不同意他们停止采矿，强令他们冒险作业，威胁说如果完不成就都别干了。梁师傅知道继续作业的后果远比失去工作严重得多，最终决定带徒弟们离开。回到地面后，梁师傅要求与矿厂解除劳动合同，立即结算工资离职。那么梁师傅有权这么做吗?

① 解答：正确。

律师分析

在本案中，梁师傅有权随时解除劳动合同，而不用通知用人单位。在劳动生产过程中，存在着各种不安全因素，如不采取措施对劳动者加以保护，就会危害劳动者的身体健康和生命安全，妨碍生产的正常进行。因此，我国严格保护劳动者在履行劳动合同、进行生产劳动过程中的劳动安全卫生权利。

用人单位强令劳动者违章冒险作业，指用人单位的管理人员明知违反国家安全卫生规程，对劳动者生命安全或者身体健康具有危险性，仍然违章指挥，强令劳动者违反有关操作规程冒险作业。《劳动合同法》第三十二条规定："劳动者拒绝用人单位管理人员违章指挥、强令冒险作业的，不属于违反劳动合同。劳动者对危害生命安全和身体健康的劳动条件，有权对用人单位提出批评、检举和控告。"同时，该法第三十八条第二款规定："用人单位以暴力、威胁或者非法限制人身自由的手段强迫劳动者劳动的，或者用人单位违章指挥、强令冒险作业危及劳动者人身安全的，劳动者可以立即解除劳动合同，不需事先告知用人单位。"由此可见，用人单位强令冒险作业危及劳动者人身安全时，劳动者有权紧急撤离现场，这是在劳动安全卫生权利受到侵害、生命健康权受到威胁时，法律赋予劳动者的紧急处置权。梁师傅拒绝用人单位的强令冒险作业，不属于违反劳动合同，可以立即解除劳动合同，不需要事先告知用人单位。

法条链接

《中华人民共和国劳动合同法》

第三十二条　劳动者拒绝用人单位管理人员违章指挥、强令冒险作业的，不视为违反劳动合同。

劳动者对危害生命安全和身体健康的劳动条件，有权对用人单位提出批评、检举和控告。

第三十八条第二款　用人单位以暴力、威胁或者非法限制人身自由的手段强迫劳动者劳动的，或者用人单位违章指挥、强令冒险作业危及劳动者人身安全的，劳动者可以立即解除劳动合同，不需事先告知用人单位。

温馨提示

在一些高危的行业中，如果用人单位存在强令劳动者违章冒险作业的情况，劳动者应该果断拒绝。这样的用人单位不重视劳动者的安全和生命，其行为不仅违背道德，还违反法律，因此劳动者可以选择立即解除合同，且不用事先书面告知用人单位，法律也不会将其行为视为违约。

自测小题

选择：在以下哪些情况下，劳动者无需事先通知用人单位，可立即解除劳动合同？（　　）①

A. 用人单位未按约定提供劳动条件的

B. 用人单位违规指挥、强令冒险作业的

① 解答：BC。

C. 用人单位以暴力威胁劳动者工作的

D. 用人单位没有为劳动者缴纳社保的

劳动者是否可以随时辞掉非全日制用工工作？

案例实录

小张大学毕业后在一家文化公司工作，不到一年就辞职了。小张经同学介绍接了一份非全日制用工工作。不用风吹日晒，自己可以安排时间，用电脑完成即可，小张做得很认真。不过，过了不到半年，小张找到了一份不错的工作，没有时间再做非全日制用工，于是向非全日制用工单位提出辞职。那么，非全日制用工工作可以随时提出辞职吗？

律师分析

《劳动合同法》第七十一条规定："非全日制用工双方当事人任何一方都可以随时通知对方终止用工。终止用工，用人单位不向劳动者支付经济补偿。"法律赋予非全日制用工的劳动者和用人单位双方任意解除权，但终止用工应该通知另一方。通知可以采用书面形式，也可以采用口头形式。小张可以随时辞去自己的非全日制用工工作，用工单位也不需要支付经济补偿。

法条链接

《中华人民共和国劳动合同法》

第七十一条　非全日制用工双方当事人任何一方都可以随时通知对方终止用工。终止用工，用人单位不向劳动者支付经济补偿。

温馨提示

非全日制用工工作不同于正式的工作，双方劳动关系没有那么紧密，互相之间的权利义务也比正式工作少得多。因此，结束非全日制用工劳动关系的程序也简单很多。非全日制用工双方当事人任何一方均可随时通知对方终止用工，且任何一方都不需要向对方支付经济补偿。

自测小题

填空：小明想要辞去在咖啡厅的非全日制用工，可以______[1]提出辞职。

员工出卖公司客户信息，是否需赔偿？

案例实录

小蒋在一家房地产中介公司做销售，因为口才好，善于察言观色，小蒋的业绩一直不错，几年下来也积累了很多客户。一天，小蒋在商场偶遇多年未见的好友小陶，非常高兴，便相约一起喝酒。小陶开了一家小型的家居装饰公司，刚刚起步，得知小蒋在房地产中介公司做得还不错，便向小蒋提出购买他手中的客户资料。小蒋一听直摇头，觉得这违反公司规定，也有违职业道德。但小陶一直劝说他，并承诺绝不骚扰客户，让他放心。小蒋被说得动了心，感觉赚点外快能快点还上房贷也挺好，于是以每个10

---

① 解答：随时。

元的价格将手中的客户资料卖给了小陶。几个月后，公司不断接到投诉，说被某家居装饰公司骚扰，甚至有人退房退租。公司查到是小蒋卖了客户信息，便要辞退他，并要求他赔偿公司的损失。公司是否有权要求小蒋赔偿损失呢？

律师分析

公司有权要求小蒋赔偿损失。劳动者在用人单位的工作岗位上，应当做好本职工作，而很多工作岗位掌握着公司、企业的商业秘密，在这些岗位工作的劳动者更应该珍视这些商业秘密，不能因为一己私利的诱惑就失去原则，像小蒋一样将手里的商业秘密变为自己谋利的手段。《劳动合同法》第三十九条规定，劳动者严重失职，营私舞弊，给用人单位造成重大损害的，用人单位可以解除劳动合同。同时，《劳动合同法》第九十条和《劳动法》第一百零二条规定，劳动者违反保密事项，对用人单位造成经济损失的，应当依法承担赔偿责任。小蒋将公司的商业秘密私自出卖他人，并造成几个客户退房退租的后果，给公司带来了经济损失，除了解除与公司的劳动合同，小蒋还应赔偿公司的损失，具体数额由双方协商确定。

法条链接

《中华人民共和国劳动合同法》

第三十九条　劳动者有下列情形之一的，用人单位可以解除劳动合同：

……

（三）严重失职，营私舞弊，给用人单位造成重大损害的；

……

第九十条　劳动者违反本法规定解除劳动合同，或者违反劳动合同中约定的保密义务或者竞业限制，给用人单位造成损失的，应当承担赔偿责任。

《中华人民共和国劳动法》

第一百零二条　劳动者违反本法规定的条件解除劳动合同或者违反劳动合同中约定的保密事项，对用人单位造成经济损失的，应当依法承担赔偿责任。

温馨提示

劳动者应遵守与用人单位在劳动合同中约定的保密条款，不能为了一己私利置职业道德于不顾，这样不仅会丢了工作，也会失了信用，得不偿失。用人单位在发现员工违反合同中约定的保密义务时，有权解除合同并要求其赔偿损失。

自测小题

选择：小美将公司的客户名单卖给了竞争对手，可能面临怎样的结果？(　　)[①]

A. 被公司辞退

B. 被公司要求赔偿损失

C. 被公司报警抓走

D. 向公司代表赔礼道歉

① 解答：ABD。

负有保密义务的人员离职，有权要求公司给予经济补偿吗?

案例实录

杨某早年经商积累了一定的经验，后来就职于一家商贸公司。由于有多年的从商经验，杨某很快便升到了销售部经理的职位，与公司签订了为期五年的劳动合同。由于工作的特殊性质，合同中约定了“竞业限制”条款，即双方在解除或终止劳动合同后，杨某自离开公司之日起一年内，不得到生产经营同类产品或业务、有竞争关系的其他公司任职；也不得自己生产经营与本公司有竞争关系的同类产品或业务，否则将赔偿企业的经济损失；作为补偿，公司将按照杨某的守约情况给予经济补偿。合同期满后，杨某想寻求更好的发展，便不再与该公司续订劳动合同。由于有竞业限制，工作不好找，杨某打算休息一年，遂要求公司按合同约定给予他经济补偿。杨某有权要求公司给予补偿吗?

律师分析

杨某有权要求公司给予补偿。如今，人才流动是一件很平常的事，人才在流动的同时，也会带走原企业的商业或技术秘密。许多企业为了避免“商业秘密”流失，往往会在劳动合同中与掌握“商业秘密”的人员约定“竞业限制”条款，明确违约责任，把“竞业限制”当作使员工“守口如瓶”的主要手段。但企业在约定“竞业限制”的同时，也应当约定员工离职后在遵守该条款的前提下能得到的经济补偿，以保障员工的基本生活，保护其合法利益。杨某作为公司的销售部经理可能掌握公司的重要商业信息，公司与杨某约定了“竞业限制”条款，根据《劳动合同法》第二十三条的规定，用人单位在竞业限制期限内应按月给予劳动者经济补偿。杨某离职后，因竞业限制一时无法找到合适的工作，原工作的公司应当依法对其按月进行经济补偿。

法条链接

《中华人民共和国劳动合同法》

第二十三条　用人单位与劳动者可以在劳动合同中约定保守用人单位的商业秘密和与知识产权相关的保密事项。

对负有保密义务的劳动者，用人单位可以在劳动合同或者保密协议中与劳动者约定竞业限制条款，并约定在解除或者终止劳动合同后，在竞业限制期限内按月给予劳动者经济补偿。劳动者违反竞业限制约定的，应当按照约定向用人单位支付违约金。

第二十四条第一款　竞业限制的人员限于用人单位的高级管理人员、高级技术人员和其他负有保密义务的人员。竞业限制的范围、地域、期限由用人单位与劳动者约定，竞业限制的约定不得违反法律、法规的规定。

温馨提示

劳动者在与用人单位签订“竞业限制”条款时，应同时与单位约定关于经济补偿的方式、数额等。竞业限制的期限由双方约定，但最长不得超过两年。劳动合同终止或解除后，劳动者可以根据合同约定和法律规定向用人单位要求“竞业限制”的经济补偿。

自测小题

填空：钱先生和公司在劳动合同中约定：离开公司后，两年内不得在同种性质的公司上班。那么，钱先生辞职后，有权__________。[1]

合同存续期间因读研而辞职，需要支付违约金吗？

案例实录

梁某大学本科毕业后便进入一家私人企业做法务助理，劳动合同为期三年。工作一年多，梁某对法学专业的就业环境有了较多的认识，觉得自己至少应该拿到硕士学位才能实现自己对事业的设想，于是萌生了考研的念头。为了平衡工作和学习，他向经理说明了自己的真实想法，表示自己考研期间不会耽误工作，但如果考上便要辞职。经理见他坚定的样子，便答应了。几个月后，梁某如愿考上了心仪的学校，便向单位提出辞职。单位表示因为梁某提前解除合同，需支付一定的违约金，但梁某不同意。那么，他究竟是否需要向单位支付违约金呢？

律师分析

随着经济的发展，社会竞争日趋激烈，更多的人认识到在工作生活中自身仍存在不足，而要求深造，因此，现实中像梁某这样有再教育想法的年轻人很多，但是，这时候往往又会面临工作

---

① 解答：要求公司支付补偿金。

与学习的抉择，与用人单位签订劳动合同的劳动者还面临辞职的风险，而在合同期间因再教育选择辞职的劳动者，需要支付违约金吗？众所周知，用人单位与劳动者一旦签订劳动合同，双方都有严格按照合同约定履行合同的义务，任何一方违约或违法提前要求终止合同的，都应赔偿因此给对方造成的损失。但是，根据《劳动合同法》第二十二条、第二十三条和第二十五条的规定，如果用人单位与劳动者之间没有关于专项培训费用或保密条款的约定，则不可以约定违约金条款。梁某与该用人单位之间并不存在上述两种特殊情况，而且梁某已经提前和公司经理进行协商，因此单位不能要求梁某支付违约金。

法条链接

《中华人民共和国劳动合同法》

第二十二条　用人单位为劳动者提供专项培训费用，对其进行专业技术培训的，可以与该劳动者订立协议，约定服务期。

劳动者违反服务期约定的，应当按照约定向用人单位支付违约金。违约金的数额不得超过用人单位提供的培训费用。用人单位要求劳动者支付的违约金不得超过服务期尚未履行部分所应分摊的培训费用。

用人单位与劳动者约定服务期的，不影响按照正常的工资调整机制提高劳动者在服务期期间的劳动报酬。

第二十三条　用人单位与劳动者可以在劳动合同中约定保守用人单位的商业秘密和与知识产权相关的保密事项。

对负有保密义务的劳动者，用人单位可以在劳动合同或者保密协议中与劳动者约定竞业限制条款，并约定在解除或者终止劳动合同后，在竞业限制期限内按月给予劳动者经济补偿。劳动者违反竞业限制约定的，应当按照约定向用人单位支付违约金。

第二十五条　除本法第二十二条和第二十三条规定的情形外，用人单位不得与劳动者约定由劳动者承担违约金。

温馨提示

用人单位在与劳动者签订劳动合同时要注意，应就专项培训费用和保密条款进行约定，避免劳动者流失给用人单位造成损失，以及因此发生劳动争议。劳动者只要依据劳动法规定的程序解除劳动合同，就不用支付违约金。

自测小题

判断：孙小姐在劳动合同期限到期前，提前三十天向公司辞职，公司可以要求孙小姐支付违约金。(　　)[1]

用人单位因劳动者被判刑解约，需要支付违约金吗？

案例实录

武某在一家钢琴制造企业任职，工作认真敬业。去年，公司来了一位新的领导陈经理，武某发现这位陈经理竟然是自己大学时的死对头，现在居然比自己高好几个级别，心里非常不平衡，但也没办法。慢慢地，武某觉得陈经理总是有意无意地为难自己，

---

① 解答：错误。

揪着自己工作上的小问题不放，甚至在公司全体员工面前批评自己。武某心里越来越生气，整天无心工作，就想着怎么报复陈经理。一天，武某看到一批正在运行的高级生产设备，想要让陈经理难堪，便一口气砸坏了所有的设备。最后武某因破坏生产经营罪被判处三个月的管制刑，公司决定解除与武某的劳动合同。武某以合同未到期为由，要求公司承担违约责任。武某的要求是否合理？

律师分析

武某的要求不合理。武某因破坏公司的生产设备，被依法追究刑事责任，用人单位依据《劳动合同法》第三十九条的相关规定，可以解除与武某的劳动合同。该钢琴制造企业是依据法律相关规定解除劳动合同的，因此不存在违约问题，不必承担违约责任。另外，法律没有关于经济补偿的条款，所以，公司也无需给予武某相应的经济补偿。

法条链接

《中华人民共和国劳动合同法》

第三十九条　劳动者有下列情形之一的，用人单位可以解除劳动合同：

……

（六）被依法追究刑事责任的。

温馨提示

劳动者被依法追究刑事责任，是因劳动者的过错导致劳动合同无法继续履行，这并不是用人单位的过错，反而用人单位可能因为劳动者的违法行为而遭受名誉和经济的损失，因此，针对这种情况，法律赋予用人单位因劳动者的过错单方面解除劳动合同的权利，因而不存在用人单位违约的问题，也不用支付补偿金。

自测小题

填空：小杨因为交通肇事罪被检察院起诉，公司解除了与小杨的劳动合同后，________①支付经济补偿金。

用人单位违法解除劳动合同，劳动者可以同时要求补偿金和赔偿金吗?

案例实录

邢某在一家建筑公司工作，劳动合同期限为五年。去年年底，邢某在一次工程操作中不慎从六楼摔下，伤势严重。经过抢救虽然脱离了生命危险，但仍需长期治疗，且体质大不如从前，丧失了大部分劳动能力。公司见邢某不能再胜任建筑工作，便单方面解除了与邢某的劳动合同。邢某觉得公司这样做太无情，要求公司支付补偿金和赔偿金。那么，邢某的要求能实现吗?

律师分析

邢某的要求不能实现，他只能要求公司支付赔偿金。根据《劳动合同法》第四十二条的规定，邢某在本单位因工负伤并被确认部分丧失劳动能力后，建筑公司不能以邢某不能胜任工作为

---

① 解答：无需。

由解除劳动合同，建筑公司单方面解除合同的行为属于一种违法行为。根据《劳动合同法实施条例》第二十五条、《劳动合同法》第八十七条的规定，用人单位违反劳动合同法的规定解除或者终止劳动合同，应当依照《劳动合同法》第四十七条规定的经济补偿标准的二倍向劳动者支付赔偿金，用人单位依照《劳动合同法》的规定支付了赔偿金的，不再支付经济补偿。所以，邢某要求建筑公司支付给自己补偿金和赔偿金的请求是不能实现的，建筑公司支付了赔偿金便不会再支付补偿金了。针对邢某的情况，我们建议他去申请做工伤认定，鉴定伤残等级后邢某就能依法获得相应的工伤赔偿，进而使自己的合法权益得到保障。

法条链接

《中华人民共和国劳动合同法实施条例》

第二十五条　用人单位违反劳动合同法的规定解除或者终止劳动合同，依照劳动合同法第八十七条的规定支付了赔偿金的，不再支付经济补偿。赔偿金的计算年限自用工之日起计算。

《中华人民共和国劳动合同法》

第四十七条　经济补偿按劳动者在本单位工作的年限，每满一年支付一个月工资的标准向劳动者支付。六个月以上不满一年的，按一年计算；不满六个月的，向劳动者支付半个月工资的经济补偿。

劳动者月工资高于用人单位所在直辖市、设区的市级人民政府公布的本地区上年度职工月平均工资三倍的，向其支付经济补偿的标准按职工月平均工资三倍的数额支付，向其支付经济补偿的年限最高不超过十二年。

本条所称月工资是指劳动者在劳动合同解除或者终止前十二个月的平均工资。

第八十七条　用人单位违反本法规定解除或者终止劳动合同的，应当依照本法第四十七条规定的经济补偿标准的二倍向劳动者支付赔偿金。

温馨提示

补偿金一般出现在合法解除劳动合同的情形中，而赔偿金一般出现在违法解除劳动合同的情形中。根据法律规定，用人单位违法解除合同，应按经济补偿标准的二倍向劳动者支付赔偿金。因此劳动者虽然只能请求赔偿金，但权利的保护并没有减弱，而是得到了充分的保障。

自测小题

选择：小朱在上海某互联网公司工作了三年，月工资为8000元，公司违法解除他的劳动合同后，其可以得到多少赔偿金？（　　）①

A. 24000元

B. 48000元

C. 72000元

D. 56000元

① 解答：B。

劳动者给公司造成严重损失，公司解除了含有服务期的合同，可以要求劳动者支付违约金吗？

案例实录

刘某在一家公司当司机，平时的主要工作是给经理开车，最低服务期为两年。因为公司业务不多，经理外出不频繁，刘某便萌生了再找一份工作的想法。因为没有其他技能，刘某找了一家公司做司机工作。这样一来，刘某就忙了起来，经理有时找不到刘某，刘某便找借口搪塞过去了。一天，经理要赶去谈一桩非常重要的生意，又找不到刘某，等了很久，最后客户非常生气地离开了，公司因此损失了几十万的生意。后来公司发现刘某在别处工作，便解除了与刘某的劳动合同，并要求他支付违约金。那么，刘某应该支付违约金吗？

律师分析

公司有权依法解除与刘某的劳动合同并要求其支付违约金，而刘某依法也应该支付违约金。爱岗敬业是劳动者最基本的职业道德，而刘某却因偷偷在外工作耽误了本公司的大额订单，使公司遭受了巨大的损失。根据《劳动合同法实施条例》第二十六条第二款的规定，劳动者同时与其他用人单位建立劳动关系，对完成本单位的工作任务造成严重影响，或者经用人单位提出，拒不改正，用人单位与劳动者解除约定服务期的劳动合同的，劳动者应当按照劳动合同的约定向用人单位支付违约金。本案中，刘某在外工作的行为已经对完成本单位的工作任务造成了严重的影响，用人单位可以依法解除与刘某的劳动合同，而且刘某应该向用人单位支付约定的违约金。

法条链接

《中华人民共和国劳动合同法实施条例》

第二十六条第二款　有下列情形之一，用人单位与劳动者解除约定服务期的劳动合同的，劳动者应当按照劳动合同的约定向用人单位支付违约金：

（一）劳动者严重违反用人单位的规章制度的；

（二）劳动者严重失职，营私舞弊，给用人单位造成重大损害的；

（三）劳动者同时与其他用人单位建立劳动关系，对完成本单位的工作任务造成严重影响，或者经用人单位提出，拒不改正的；

（四）劳动者以欺诈、胁迫的手段或者乘人之危，使用人单位在违背真实意思的情况下订立或者变更劳动合同的；

（五）劳动者被依法追究刑事责任的。

温馨提示

很多用人单位并不禁止劳动者从事两份及以上的工作，但前提是不能对本单位的工作造成负面影响。劳动者在寻求更好的收入的同时，要充分考虑自己的能力范围以及时间、精力的分配，保证能做好两份工作，切不可因小失大，否则不但可能面临被单位辞退的情况，还有可能需要对单位承担违约责任。

自测小题

判断：李小姐和公司签订了三年的服务期合同，后李小姐因

严重违反公司规章制度被公司开除，公司有权要求李小姐支付违约金。（　　）[1]

用人单位拒绝给员工开具劳动合同解除证明，此行为是否合法？

案例实录

某公司销售部经理向某为与在另一个城市居住的妻儿相聚，决定到妻儿居住的城市重新找工作，与现在所在公司的合同到期后就不续约了。公司领导认为向某是个人才，以升职加薪等条件挽留他，向某说明理由婉拒。向某离职时，公司以各种理由迟迟不给他出具解除劳动合同的证明。向某多次和公司交涉未果，导致无法入职新公司，近两个月没有收入，非常郁闷。那么，该公司拒绝开具解除劳动合同证明的做法是否合法？

律师分析

该公司不为向某开具解除劳动合同证明的行为是违法的。根据《劳动合同法》第五十条第一款的规定，用人单位应当在解除或者终止劳动合同时出具解除或者终止劳动合同的证明，并在十五日内为劳动者办理档案和社会保险关系转移手续。另外，该法第八十九条规定："用人单位违反本法规定未向劳动者出具解除或者终止劳动合同的书面证明，由劳动行政部门责令改正；给劳动

① 解答：正确。

者造成损害的，应当承担赔偿责任。”本案中，向某与用人单位多次交涉未果，已经给他造成了一定的经济损失，向某可以要求公司赔偿。

法条链接

《中华人民共和国劳动合同法》

第五十条第一款　用人单位应当在解除或者终止劳动合同时出具解除或者终止劳动合同的证明，并在十五日内为劳动者办理档案和社会保险关系转移手续。

第八十九条　用人单位违反本法规定未向劳动者出具解除或者终止劳动合同的书面证明，由劳动行政部门责令改正；给劳动者造成损害的，应当承担赔偿责任。

温馨提示

劳动者离职时有权要求用人单位开具解除劳动合同的证明以及办理档案和社会保险关系转移手续。实践中，用人单位因各种原因对劳动者离职不满而拒绝、拖延出具或办理终止劳动合同的证明，劳动者应向用人单位主张自身的权利，必要时可以请劳动行政部门出面解决，以维护自己的合法权益。当然，在这一过程中劳动者应注意保留证据和自己受到损失的证明。

自测小题

填空：员工离职时，公司应当为员工提供、办理________①等材料和手续。

---

① 解答：解除劳动合同的证明以及档案和社会保险关系转移。

只有一句话的解除劳动合同关系的证明是否符合法律规定?

案例实录

姚某大学毕业后进入一家公司工作，劳动合同期限为五年。在工作了三年之后，姚某结婚生子，生活逐渐稳定。姚某想要进一步深造，完成自己对事业的梦想，于是与公司协商解除劳动合同，想要考取研究生。公司领导见姚某心意已决，也没有过多地挽留，便让人事部门出具了一份解除劳动合同的证明。姚某拿到证明一看，上面只有简单的一句解除双方劳动合同关系的话和公司的公章，觉得似乎过于简单，非常疑惑，便找到有关人员询问。那么，姚某的疑惑是否有道理？这份简单的解除劳动合同关系的证明是否符合法律规定呢？

律师分析

这份证明不符合法律规定。《劳动合同法》第五十条规定："用人单位应当在解除或者终止劳动合同时出具解除或者终止劳动合同的证明，并在十五日内为劳动者办理档案和社会保险关系转移手续。"姚某与用人单位解除劳动合同，用人单位应当出具解除劳动合同的证明。对于证明应当包含的内容，《劳动合同法实施条例》第二十四条作出了明确规定："用人单位出具的解除、终止劳动合同的证明，应当写明劳动合同期限、解除或者终止劳动合同的日期、工作岗位、在本单位的工作年限。"所以用人单位为姚某出具的解除劳动关系的证明欠缺很多必要内容，明显不符合法律规定。

法条链接

《中华人民共和国劳动合同法实施条例》

第二十四条　用人单位出具的解除、终止劳动合同的证明，应当写明劳动合同期限、解除或者终止劳动合同的日期、工作岗位、在本单位的工作年限。

《中华人民共和国劳动合同法》

第五十条第一款　用人单位应当在解除或者终止劳动合同时出具解除或者终止劳动合同的证明，并在十五日内为劳动者办理档案和社会保险关系转移手续。

温馨提示

《劳动合同法》对劳动者权益的保护是多方面的，不仅体现在劳动合同关系的确立上，也体现在劳动合同关系的终止或解除以及后续工作方面。法律不仅对解除劳动合同关系的证明应包括的内容有明确的规定，而且规定了合同解除或终止后用人单位的义务，包括办理档案和社会保险关系转移手续以及按规定支付补偿金等。

自测小题

选择：离职证明至少应当写明（　　）。[①]

A. 劳动合同期限

B. 解除或者终止劳动合同的日期

C. 工作岗位

D. 在本单位的工作年限

① 解答：ABCD。

第三章

怎样的劳动合同才有效

当劳动者绩效不佳时该劳动合同自行终止，这样的合同规定合法吗?

案例实录

小林是H市某公司的销售人员，因为经济不景气，小刘所负责的片区销售业绩并不好，为此公司相关领导曾多次批评小林，可是无论小林怎么努力，业绩就是无法提高。

一天，小林的部门经理找小林单独谈话，他拿出小林入职时签订的劳动合同，上面有一条写着“当劳动者绩效不佳时，本合同即自行终止”。部门经理说：“我知道你挺努力的，我也不想这样，但公司有规定，没办法。”小林听了心里十分委屈。想到这么长时间的付出竟然换回这样的结果，小林的眼泪不禁流了下来。该公司的做法对吗？劳动合同中可以做这样的规定吗？

律师分析

该公司在劳动合同中约定的“当劳动者绩效不佳时劳动合同自行终止”这一合同条款是违反法律规定的，该条款的约定无效。《劳动合同法》第四十四条规定：“有下列情形之一的，劳动合同终止：（一）劳动合同期满的；（二）劳动者开始依法享受基本养老保险待遇的；（三）劳动者死亡，或者被人民法院宣告死亡或者宣告失踪的；（四）用人单位被依法宣告破产的；（五）用人单位被吊销营业执照、责令关闭、撤销或者用人单位决定提前解散的；（六）法律、行政法规规定的其他情形。”根据本条规定，劳动合同的终止的约定条件主要是合同期满的情形，而法定条件主要是劳动者和用人单位主体资格的消灭。

此外，《劳动合同法实施条例》第十三条规定：“用人单位与劳动者不得在劳动合同法第四十四条规定的劳动合同终止情形之外约定其他的劳动合同终止条件。”由此可见，劳动合同终止的情形是法定的，用人单位和劳动者不得自行约定劳动合同终止的情形。因此，某公司不得与小林在劳动合同中加入“当劳动者绩效不佳时，本合同即自行终止”的条款，即使小林同意了该条款并签订了劳动合同，该条款也因违反法律的规定而被视为无效条款，某公司不得据此辞退小林。

法条链接

《中华人民共和国劳动合同法实施条例》

第十三条　用人单位与劳动者不得在劳动合同法第四十四条规定的劳动合同终止情形之外约定其他的劳动合同终止条件。

《中华人民共和国劳动合同法》

第四十四条　有下列情形之一的，劳动合同终止：

（一）劳动合同期满的；

（二）劳动者开始依法享受基本养老保险待遇的；

（三）劳动者死亡，或者被人民法院宣告死亡或者宣告失踪的；

（四）用人单位被依法宣告破产的；

（五）用人单位被吊销营业执照、责令关闭、撤销或者用人单位决定提前解散的；

（六）法律、行政法规规定的其他情形。

温馨提示

有关劳动合同终止的情形我国法律是有相应的明文规定的，任何单位和个人不能够在法定情形以外自行加入其他条款，违反法律的规定自行对劳动合同终止的情形做出规定的，该合同条款无效，因此，我们在就业和招聘员工的过程中都要注意，不要因为一心想着自己的利益而忽略了该劳动合同条款本身的合法性。

自测小题

判断：用人单位在劳动合同中规定按照业绩进行末位淘汰，是合法的。（　　）①

劳动者谎报学历与用人单位签订劳动合同的，应当如何处理？

案例实录

某事业单位招聘一名工作人员，要求应聘者具有本科学历，并且研究生学历优先录取。康某应聘时向该用人单位投递简历，

① 解答：错误。

在简历里明确是该岗位所需专业的硕士学历，而其他应聘者都是本科学历。该用人单位审核简历后，对康某进行面试，他和另一位应聘者旗鼓相当，用人单位在他和另一位应聘者之间犹豫。最后，因为康某是硕士学历，所以对其优先录取，与他签订了为期三年的劳动合同。之后，在单位的日常工作中，该用人单位发现康某的实际能力与其学历不太符合。经过核实，康某只具备本科学历。那么，劳动者谎报学历与用人单位签订合同的，该合同有效吗？

律师分析

随着就业竞争的加剧，用人单位对于劳动者学历的要求越来越高。这样，对于一些学历偏低的求职者来说，在职场竞争中可能就处于劣势。于是，有些求职者在求职时，会谎报自己的学历，以获得更好的机会与用人单位签订劳动合同。根据《劳动合同法》第二十六条第一款第（一）项的规定，以欺诈、胁迫的手段或者乘人之危，使对方在违背真实意思的情况下订立或者变更劳动合同的，该合同无效或者部分无效。求职者在求职时，谎报自己的学历，明显属于一种欺诈行为，在这种情况下签订的劳动合同是没有法律效力的。同时，根据《劳动合同法实施条例》第十九条第（六）项的规定，劳动者以欺诈、胁迫的手段或者乘人之危，使用人单位在违背真实意思的情况下订立或者变更劳动合同的，用人单位可以依法解除与劳动者的劳动合同。本案中，康某采用欺诈的方式与用人单位签订的固定期限劳动合同应被认定为无效，该用人单位可以依法解除与康某的劳动合同。

法条链接

《中华人民共和国劳动合同法》

第二十六条第一款　下列劳动合同无效或者部分无效：

（一）以欺诈、胁迫的手段或者乘人之危，使对方在违背真实意思的情况下订立或者变更劳动合同的；

……

《中华人民共和国劳动合同法实施条例》

第十九条　有下列情形之一的，依照劳动合同法规定的条件、程序，用人单位可以与劳动者解除固定期限劳动合同、无固定期限劳动合同或者以完成一定工作任务为期限的劳动合同：

……

（六）劳动者以欺诈、胁迫的手段或者乘人之危，使用人单位在违背真实意思的情况下订立或者变更劳动合同的；

……

温馨提示

一份合法、有效的劳动合同通常是用人单位与劳动者之间权益的“双赢”。但是，二者之间也会存在矛盾。用人单位想招到真正有用的人才，应聘者想应聘到满意的工作。如果应聘者本身能力不足却好高骛远，那就可能会在求职中采取一些特殊的方法，这样并不能真正达到良好的效果。在此提醒广大求职者，根据自己的实际条件，踏踏实实寻找一份适合自己的工作，并在可能的情况下，积极提高自身的能力、素质，以寻找到更好的求职机会。

自测小题

判断：小丁在简历上虚构自己的职业履历，但其实际工作能力达不到该岗位的要求，那么，公司可以此为由与其解除劳动合同。(　　)①

劳动合同到期后继续工作的，合同还有效吗?

案例实录

三年前，陈某还是一名大四学生，积极求职的他，很快与某装饰材料有限公司签订了三方协议，毕业后就签订了为期三年的劳动合同，他很珍惜这份工作。这三年里，他学到了不少东西，和同事们相处得很好，对这里很有感情，但是薪资水平并不高。因此，家里人说干这个没出息，一直催促他赶紧换个薪资高的工作。如今，合同期限届满，家里给他安排了另外一份工作，他不想拂逆家里，但也没有立刻去那边工作，而是仍然在原先的公司工作。但是，他和公司既没有续签合同，也没有办理终止合同的手续。如何从法律的角度看待这件事呢?

律师分析

根据《劳动合同法》第五十条的规定，当事人双方履行了合同义务，劳动合同终止、解除以后，用人单位应当与劳动者办理终止或解除劳动合同的手续，为劳动者出具终止、解除劳动合同

---

① 解答：正确。

证明书，作为劳动者按规定享受失业保险待遇和求职登记的凭证。如果用人单位愿意与劳动者继续维持劳动关系，应该续签合同。如果合同期满后，双方既没有解除劳动合同，也没有续签劳动合同，那么，根据《最高人民法院关于审理劳动争议案件适用法律若干问题的解释》第十六条第一款的规定，劳动者仍在原用人单位工作，原用人单位未表示异议的，视为双方同意以原条件继续履行劳动合同。本案中，陈某在合同期限届满之后，既没有与原公司续约，也没有办理终止合同的手续，但仍然选择在公司工作，而双方对现状没有异议，依法应视为双方续约。

法条链接

《中华人民共和国劳动合同法》

第五十条　用人单位应当在解除或者终止劳动合同时出具解除或者终止劳动合同的证明，并在十五日内为劳动者办理档案和社会保险关系转移手续。

劳动者应当按照双方约定，办理工作交接。用人单位依照本法有关规定应当向劳动者支付经济补偿的，在办结工作交接时支付。

用人单位对已经解除或者终止的劳动合同的文本，至少保存二年备查。

《最高人民法院关于审理劳动争议案件适用法律若干问题的解释》

第十六条第一款　劳动合同期满后，劳动者仍在原用人单位工作，原用人单位未表示异议的，视为双方同意以原条件继续履行劳动合同。一方提出终止劳动关系的，人民法院应当支持。

温馨提示

当劳动合同期满后，合同双方最好能按照法律规定，及时办理终止劳动合同的手续，并且用人单位应为劳动者出具终止劳动合同证明书，这样劳动者就可以顺利地从事其他工作。

双方也可以在均无异议的情况下，续签合同，继续维持劳动关系。对于既未办理终止劳动合同手续又未续签合同的情况，则表示双方默认续约，任何一方都可以在正式办理相关手续前提出终止劳动关系。

自测小题

填空：小王和公司的劳动合同期满后，虽然没有续签劳动合同，但仍留在公司工作，应当视为________①。

约定了发生伤亡事故概不负责内容的劳动合同是否有效?

案例实录

魏某高中毕业后，在外打了几年工，觉得没什么出息，也攒不下钱。于是，他考取了大货车驾驶证，当起了司机，并与某运输公司签订了一份为期五年的劳动合同，合同中有约定“发生伤亡事故本公司概不负责”的条款。之后不久，魏某在一次出车中，由于路况不明，与路上其他车辆相撞，导致脑部受伤，并留下后遗症。事故发生后，魏某一家无力承担巨额的医疗费用，遂要求

① 解答：双方同意以原条件继续履行劳动合同。

公司支付医疗费用。运输公司则以劳动合同中早有约定为由，声称此次事故与公司完全没有关系，拒绝支付魏某的医疗费用。魏某与公司签订的合同是否有效？

律师分析

根据《劳动合同法》第二十六条的规定，用人单位免除自己的法定责任、排除劳动者权利的合同无效或者部分无效。本案中，魏某与运输公司签订的合同中约定“发生伤亡事故本公司概不负责”的条款是无效的，合同其余部分，如果没有违反相关的法律规定，应视为有效。运输行业是比较危险的行业，一些运输公司为了减少支出，扩大收益，便会要求职工签订包含“发生伤亡事故本公司概不负责”等类似条款的合同，这些条款加重了劳动者的负担，有失公平，因此不能成为免责事由，公司不能以此作为逃避责任的理由。魏某的家属可以主张自己的合法权利，要求公司支付医疗费用。

法条链接

《中华人民共和国劳动合同法》

第二十六条　下列劳动合同无效或者部分无效：

（一）以欺诈、胁迫的手段或者乘人之危，使对方在违背真实意思的情况下订立或者变更劳动合同的；

（二）用人单位免除自己的法定责任、排除劳动者权利的；

（三）违反法律、行政法规强制性规定的。

对劳动合同的无效或者部分无效有争议的，由劳动争议仲裁机构或者人民法院确认。

温馨提示

劳动合同是劳动者与用工单位之间确立劳动关系，明确双方权利和义务的协议，是双方的“共赢”。劳动者要对自己的工作负责，用人单位不能为了自己利益的最大化而去损害劳动者的合法权益，一切必须符合法律的规定，任何一方的利益都不能明显受损，否则这份劳动关系也不会持久。

自测小题

选择：建筑公司在劳动合同中与工人们约定，如果工人不注意安全，一旦发生事故，责任完全自负。该劳动合同效力如何？（　　）①

A. 该合同有效

B. 该条款无效，合同其他条款有效

C. 该合同无效

用人单位与其他单位合并，原劳动合同还有效吗？

案例实录

经过一段时间的积极求职，齐某终于应聘到一家制药公司，无论是薪酬、福利还是交通等各方面，他都比较满意。齐某与该公司签订了为期三年的劳动合同。但是，齐某进入公司工作不久后，公司因为经营的需要，决定与另一家公司合并。两家公司合

① 解答：B。

并成了一家新的公司，并有了新的名称和法定代表人。齐某不知道自己与原用人单位的劳动合同是否还有效。

律师分析

公司合并，是指两个或两个以上的公司按照法定程序合并为一个公司。根据《劳动合同法》第三十四条的规定，用人单位发生合并或者分立等情况，原劳动合同继续有效，劳动合同由承继其权利和义务的用人单位继续履行。也就是说，用人单位发生合并，并不影响原劳动合同的效力，原劳动合同继续有效，原合同中的权利义务由继承原公司权利义务的用人单位继续履行。用人单位变更名称的，应当变更劳动合同的用人单位名称。本案中，齐某所在的公司发生合并，并有了新的名称和法定代表人，在变更劳动合同主体名称之外，其他约定都不改变，齐某仍按照原劳动合同的规定履行权利义务。

法条链接

《中华人民共和国劳动合同法》

第三十四条　用人单位发生合并或者分立等情况，原劳动合同继续有效，劳动合同由承继其权利和义务的用人单位继续履行。

温馨提示

劳动合同是确定劳动关系的法律凭证，劳动合同一经签订，即形成了规范双方当事人劳动权利和义务的依据。用人单位自身合并或者分立等情况，并不影响劳动者与原用人单位订立的劳动合同的有效性，承继原用人单位权利义务的单位与劳动者仍然在原合同范围内履行相应的权利义务。一般而言，劳动者仍然在原先的岗位上任职，可以继续享有原先的工资待遇、福利津贴等。

自测小题

判断：小孙所在的公司被A公司合并了，应当由A公司继续履行劳动合同。（　　）[1]

哪些劳动者要与用人单位签订“竞业限制”协议？

案例实录

吴女士自从结婚后，就一直做着家庭主妇，她、丈夫还有儿子一家人十分和睦。不料，其丈夫在一次车祸中去世，家里失去了唯一的经济来源。生活所迫，无奈之下，吴女士重新开始自己的职场生活。起初，她应聘到一家房地产公司任销售员，该公司要与吴女士签订竞业限制的协议。吴女士虽然很久没有工作，对于职场规则已经不太熟悉了，但她还是了解了一些法律知识的，她认为自己应聘的职位不涉及保密内容，因此，不必与公司签订竞业限制协议。那么，从事什么职位的劳动者需要与企业签订竞业限制协议呢？

律师分析

根据《劳动合同法》第二十三条第二款的规定，对负有保密义务的劳动者，用人单位可以在劳动合同或者保密协议中与劳动者约定竞业限制条款。由此可知，并非所有的劳动者都要与用人

① 解答：正确。

单位签订竞业限制协议，只有涉及保密义务的劳动者才需要签订，如果根本没有保密的必要，则不必签订竞业限制协议。具体来说，负有保密义务的劳动者主要是指用人单位的高级管理人员、高级技术人员和其他负有保密义务的人员。对此，《劳动合同法》第二十四条第一款作了明确规定。从以上法律规定可以看出，国家对于劳动者与用人单位签订竞业限制协议并不是强制条款，而签订协议的劳动者仅限于用人单位的高级管理人员、高级技术人员和其他负有保密义务的人员，并不是所有劳动者。

法条链接

《中华人民共和国劳动合同法》

第二十三条　用人单位与劳动者可以在劳动合同中约定保守用人单位的商业秘密和与知识产权相关的保密事项。

对负有保密义务的劳动者，用人单位可以在劳动合同或者保密协议中与劳动者约定竞业限制条款，并约定在解除或者终止劳动合同后，在竞业限制期限内按月给予劳动者经济补偿。劳动者违反竞业限制约定的，应当按照约定向用人单位支付违约金。

第二十四条　竞业限制的人员限于用人单位的高级管理人员、高级技术人员和其他负有保密义务的人员。竞业限制的范围、地域、期限由用人单位与劳动者约定，竞业限制的约定不得违反法律、法规的规定。

在解除或者终止劳动合同后，前款规定的人员到与本单位生产或者经营同类产品、从事同类业务的有竞争关系的其他用人单位，或者自己开业生产或者经营同类产品、从事同类业务的竞业限制期限，不得超过二年。

温馨提示

劳动合同是劳动者与用工单位之间确立劳动关系，明确双方权利和义务的协议。它的每一项内容都是必要的，以使双方权责明确，合法权益得到有效的保障。竞业限制协议仅适用于具有保密义务的劳动者，其具体内容由用人单位和劳动者进行协商，且不得违反法律、法规的规定。

自测小题

选择：以下哪些岗位的人员适合和公司签订竞业限制协议？(　　)①

A. 服务员

B. 司机

C. 总经理

D. 技术总监

应如何确认合同无效或部分无效？

案例实录

2020 年 5 月，华某应聘到一家传媒公司工作。在签约时，他想着合同一般就那些条款，主要确认了工资和职位，之后并没有认真看其他合同条款，就签了为期两年的劳动合同。他本打算趁

① 解答：CD。

着十一假期回趟家，一切都准备好了，谁知公司临时通知十一假期不放假，全体加班赶一项任务，工资照常，必须去，否则就开除。华某觉得这不合理，剥夺了自己正常的休息休假权。但是，公司称，合同上明确规定了一条："只要公司有需要，公司职工就必须来上班，即使节假日也不例外，报酬与平日相同，并且公司有权因此辞退员工。"并且合同是让华某看后签订的，不存在欺瞒现象，故合同是合法的。对于华某和公司的说法，应该去哪里确证？

律师分析

本案中，华某的劳动合同中规定："只要公司有需要，公司职工就必须来上班，即使节假日也不例外，报酬与平日相同，并且公司有权因此辞退员工。"但是劳动者有合法的休息休假权，公司单方面剥夺劳动者正常的休息休假是不合法的。面对之前签订的劳动合同中的条款，公司称并没有欺瞒华某，而华某认为该条款侵犯了自己的休息休假权。根据《劳动合同法》第二十六条第（二）项和第（三）项的规定，用人单位免除自己的法定责任、排除劳动者权利的，以及违反法律、行政法规强制性规定的，该合同被视为无效或者部分无效，对劳动合同的无效或者部分无效有争议的，由劳动争议仲裁机构或者人民法院确认。所以此案中，对劳动合同的无效或者部分无效有争议的，华某和公司应提请劳动争议仲裁机构或者人民法院确认。

法条链接

《中华人民共和国劳动合同法》

第二十六条　下列劳动合同无效或者部分无效：

（一）以欺诈、胁迫的手段或者乘人之危，使对方在违背真实意思的情况下订立或者变更劳动合同的；

（二）用人单位免除自己的法定责任、排除劳动者权利的；

（三）违反法律、行政法规强制性规定的。

对劳动合同的无效或者部分无效有争议的，由劳动争议仲裁机构或者人民法院确认。

温馨提示

劳动合同应当在双方自愿平等的基础上建立，劳动合同的内容也要符合双方的合法利益。对于有法可依的事情，要学习相关的法律法规，找到真正可以解决问题的方法，用法律武器维护自己的合法权益。对于劳动合同有争议的，由劳动争议仲裁机构或者人民法院确认。

自测小题

填空：小梁想要确认自己劳动合同的效力，应当向__________。[①]

① 解答：当地的劳动争议仲裁委员会或人民法院提出申请。

第四章

劳动合同应如何履行与变更

用人单位不按劳动合同的规定发工资，劳动者应当如何维权？

案例实录

2020年3月，方某来到一家饭店打工。按照合同规定，如果员工一个月内不休假，就能获得全勤奖金三百元。该饭店地处繁华地段，人流量大，生意红火，因此常常人手不足，饭店的该规定也是为了弥补人手的不足。方某为了多赚些钱来补贴家用，没有休假。但是，一个月后方某并没有拿到三百元的全勤奖金。于是她找到负责人问缘由，该负责人答复，她刚来一个月，没有资格得到全勤奖金，必须全勤干满三个月后，从第四个月开始，才可以得全勤奖金。可是当初方某与该饭店签订的合同中并没有此项规定。该饭店不按照合同规定支付劳动报酬，方某该怎么办？

律师分析

本案中，该饭店在与方某签订的合同中对全勤奖作了明确规定，理应按照合同办事。但是该饭店却以方某没有干满三个月为由不发给其全勤奖金。根据《劳动合同法》第三十条的规定，用人单位应当按照劳动合同约定和国家规定，向劳动者及时足额支付劳动报酬。用人单位拖欠或者未足额支付劳动报酬的，劳动者可以依法向当地人民法院申请支付令，人民法院应当依法发出支付令。针对方某的情况，该饭店在合同中明确规定一个月不休假就能得到全勤奖金，但是方某全勤却未获得相应的报酬。所以，如果经协商该饭店还不补齐方某的劳动所得，方某就可以依法向当地人民法院申请支付令，人民法院应当依法发出支付令。

法条链接

《中华人民共和国劳动合同法》

第三十条　用人单位应当按照劳动合同约定和国家规定，向劳动者及时足额支付劳动报酬。

用人单位拖欠或者未足额支付劳动报酬的，劳动者可以依法向当地人民法院申请支付令，人民法院应当依法发出支付令。

温馨提示

用人单位的形象是影响单位发展的重要因素，而信誉是影响形象的重要因素之一。用人单位若不按合同规定发放工资，出尔反尔，会降低员工对单位的信赖程度，甚至会选择离开单位。因此，用人单位要讲信用，按照合同规定，兑现承诺的员工利益。除此之外，我国的法律也不允许用人单位不按合同规定发放工资。用人单位违反合同规定的行为会受到法律的制裁。

自测小题

判断：小李的公司没有足额支付小张奖金，小李可以向法院申请支付令。(　　)①

① 解答：正确。

如果被安排到子公司工作，工作年限如何计算？

案例实录

王先生在某外贸公司已经工作了五年，该公司设立了一家全资子公司。为了子公司更好地发展壮大，以最快的速度在市场上立足，该子公司需要一批有经验的人。于是该外贸公司派遣了一批有经验的员工到子公司去。经公司领导决定，王先生成为其中被派遣的人之一。根据《劳动合同法》的规定，王先生再工作五年，就可以提出与该公司订立无固定期限的劳动合同。可是现在王先生很困惑，现在被派往其他公司工作，需要重新计算工作年限吗？如果是这样，那对自己太不公平了，自己应该怎么办？到底如何计算工作年限？

律师分析

《劳动合同法实施条例》第十条规定："劳动者非因本人原因从原用人单位被安排到新用人单位工作的，劳动者在原用人单位的工作年限合并计算为新用人单位的工作年限。原用人单位已经向劳动者支付经济补偿的，新用人单位在依法解除、终止劳动合同计算支付经济补偿的工作年限时，不再计算劳动者在原用人单位的工作年限。"王先生因服从原用人单位的安排被派往新的用人单位工作，其在原用人单位工作的五年应合并计入新用人单位的工作年限。

法条链接

《中华人民共和国劳动合同法实施条例》

第十条　劳动者非因本人原因从原用人单位被安排到新用人

单位工作的，劳动者在原用人单位的工作年限合并计算为新用人单位的工作年限。原用人单位已经向劳动者支付经济补偿的，新用人单位在依法解除、终止劳动合同计算支付经济补偿的工作年限时，不再计算劳动者在原用人单位的工作年限。

温馨提示

如果劳动者被原公司派往新用人单位，劳动者的工作年限应合并计算到新公司。因此，劳动者在被派往新用人单位时，不必担心工作年限如何计算的问题。如果新公司不承认之前的工作年限，劳动者可以利用工会和法律维护自身的合法权益。

自测小题

选择：小杨在某工厂工作了三年后，被安排到总公司工作，再工作两年后，小杨的工作年限为多少年？（　　）①

A. 五年　　B. 两年

C. 三年　　D. 四年

劳动合同中的工资应该参照公司注册地还是实际上班地的标准？

案例实录

王某大学毕业参加一家公司的面试后，顺利被录用了。后得知该公司的注册地与他实际上班的地点不一致。原来王某实际上

① 解答：A。

班的地方所在地区对劳动者相关的待遇等比该公司的注册地低，王某觉得既然公司的注册地在甲地，自己又是甲地的员工，那自己的待遇就应该按照注册地即甲地的工资标准计算。但经过打听得知，实际工作地的员工的工资有的是按照注册地甲地的工资标准，有的是按照实际工作地的工资标准。这时王某犯愁了，到底自己的工资是按照注册地标准还是按照实际工作地的标准呢？

律师分析

《劳动合同法实施条例》第十四条规定："劳动合同履行地与用人单位注册地不一致的，有关劳动者的最低工资标准、劳动保护、劳动条件、职业危害防护和本地区上年度职工月平均工资标准等事项，按照劳动合同履行地的有关规定执行；用人单位注册地的有关标准高于劳动合同履行地的有关标准，且用人单位与劳动者约定按照用人单位注册地的有关规定执行的，从其约定。"王某所享受相关待遇一般情况下参照他实际上班地的有关规定执行。但若王某与用人单位约定按照注册地标准的，从其约定。

法条链接

《中华人民共和国劳动合同法实施条例》

第十四条　劳动合同履行地与用人单位注册地不一致的，有关劳动者的最低工资标准、劳动保护、劳动条件、职业危害防护和本地区上年度职工月平均工资标准等事项，按照劳动合同履行地的有关规定执行；用人单位注册地的有关标准高于劳动合同履行地的有关标准，且用人单位与劳动者约定按照用人单位注册地的有关规定执行的，从其约定。

温馨提示

假如用人单位注册地和劳动者实际工作地点不一致，一般情况下按照实际工作地点的标准计算和执行相关事项。若实际工作地点的标准高于注册地标准的，按照实际工作地点的标准；若实际工作地点的标准低于注册地标准的，可以按照注册地标准，也可以按照实际工作地标准，这要看双方的约定。因此，双方约定的情况仅限于注册地标准高于实际工作地标准时。

自测小题

判断：小东所在公司的注册地在B市，实际工作地在A市，就必须按照A市的标准执行劳动者的最低工资标准、劳动保护、劳动条件等事项。(　　)①

如何计算非全日制用工的薪酬?

案例实录

许某初中毕业，由于学历低，又没有其他的技能，不上学后经人介绍，就一直在一家保洁公司做小时工。因为她从事的主要是家庭保洁工作，每个雇佣人每天需要她工作的时间不长，且次数不定。所以她没有固定的工作时间和工作地点，而且每天都不一样，一切都是按照雇佣人的要求进行的。一般情况下，工资都是一月一结算，但是许某的工作时间太零散，雇佣人也几乎每天

① 解答：错误。

不同。因此，采取一月一结算的方式很不方便，也是不可能的。那么，非全日制用工的薪酬是一月一结算吗？如何计算非全日制用工的薪酬？

律师分析

许某属于非全日制用工。非全日制用工以小时工资计酬为主，劳动者在同一用人单位一般平均每日工作时间不超过四小时，每周工作时间累计不超过二十四小时。根据《劳动合同法》第六十八条的规定，非全日制用工，以小时计酬为主，但也不排除其他合理的计算方式。尽管是按小时计酬，但是每小时的酬金不能低于用人单位所在地人民政府规定的最低小时工资标准。薪酬的支付周期也不是一月一结算，而是最长不得超过十五日。

法条链接

《中华人民共和国劳动合同法》

第六十八条　非全日制用工，是指以小时计酬为主，劳动者在同一用人单位一般平均每日工作时间不超过四小时，每周工作时间累计不超过二十四小时的用工形式。

第七十二条　非全日制用工小时计酬标准不得低于用人单位所在地人民政府规定的最低小时工资标准。

非全日制用工劳动报酬结算支付周期最长不得超过十五日。

温馨提示

一般情况下，非全日制用工的工作时间和地点不固定。若按天计算，容易出现偏差，不利于保障双方的合法权益。采用小时计算更为精确，对于雇佣人和劳动者都比较公平。此外，基于非全日制用工的不固定性，法律规定工资的结算周期最长不得超过十五日，这也加大了对非全日制用工的保障力度。

自测小题

判断：小赵暑假在某书店兼职做店员，她的工资应当月结。(　　)①

用人单位有权因劳动者拒绝加班而扣发工资吗?

案例实录

2020年4月，某服装厂接到一单大生意。这单生意订购的服装比较多，时间也特别紧张，但该服装厂为了赚取利润，还是与购买方签订了合同。结果可想而知，眼看交货的日子临近，该服装厂还有四分之一的衣服没有做出来。于是领导决定让员工们加班加点赶制服装，这样一来，员工们双休日都要上班。规定一出，员工们叫苦不迭。有的员工无法照顾老人和孩子，加班已经影响到职工的正常生活，就干脆正常上下班，周末也不来加班，不执行厂里的加班决定。厂领导遂决定扣发这些员工的工资。该服装厂的做法是违法的吗？用人单位有权因劳动者拒绝加班而扣发工资吗？

律师分析

该服装厂的做法违反了《劳动合同法》第三十一条的规定，用人单位要严格地执行劳动定额标准，不能随意安排加班。如果确

① 解答：错误。

实有必要安排加班，要与职工协商，并且支付相应的加班费。本案中服装厂与职工协商未果，不得以扣发工资为手段强迫职工加班。因此，用人单位无权因劳动者拒绝加班而扣发劳动者的工资。

法条链接

《中华人民共和国劳动合同法》

第三十一条　用人单位应当严格执行劳动定额标准，不得强迫或者变相强迫劳动者加班。用人单位安排加班的，应当按照国家有关规定向劳动者支付加班费。

《中华人民共和国劳动法》

第四十一条　用人单位由于生产经营需要，经与工会和劳动者协商后可以延长工作时间，一般每日不得超过一小时；因特殊原因需要延长工作时间的，在保障劳动者身体健康的条件下延长工作时间每日不得超过三小时，但是每月不得超过三十六小时。

温馨提示

用人单位要赚取利润，实现利益的最大化本身并没有错。只是在制定单位规则时，要遵守法律规定，在法律的框架内管理劳动者。作为用人单位的领导，应该知法、懂法、守法，不做违反法律规定的事情。劳动者也要增强法律意识，在用人单位强迫加班时，积极向工会反映情况，或用法律抵制单位的违法行为。

自测小题

选择：用人单位以下哪些行为不合法？(　　)①

---

① 解答：ABD。

A. 安排小张一周加班四十小时

B. 强迫小李加班

C. 在特殊情况下，和小王协商每天加班一小时

D. 不予发放加班工资

非全日制用工每天都必须工作吗？

案例实录

某大酒店雇佣大量兼职人员，这些兼职人员一般与该酒店签订非全日制劳动协议，约定工资以小时计算，每周结算。这些非全日制用工每天工作四小时至八小时不等，平均每天工作六小时，安排休息十五分钟，吃饭的时间也包括在内。由于工作时间很长，使得本打算利用零散时间打工的员工时间紧张起来。而且如果有员工要请假，该员工的工资就会按比例被扣除相应的部分。有的员工对该项规定不满，但该酒店的负责人称这是劳动合同里的规定，当初兼职员工签订了劳动合同，就必须遵守该合同规定，否则就会被开除。那么，非全日制用工每天都必须工作吗？该酒店负责人的解释正确吗？他的说法符合法律规定吗？

律师分析

非全日制用工合同，与一般的劳动合同有显著的不同，其中较为明显的就是劳动时间的不同。按照规定，非全日制用工的劳动时间平均每日不得超过四小时，每周累计不得超过二十四小时。法律没有明确规定非全日制用工每天都要工作，只是对每天工作

时间的上限作出了规定。此外，需要注意的是，这里规定的工作时间是指在同一用人单位累计的工作时间。也就是说，非全日制用工可以每天在一个或一个以上的用人单位工作，工作时间按照法律的规定执行即可。本案中，该酒店对职工要求的工作时间和扣除工资的规定违反了相关的法律规定，应当尽快作出调整。

法条链接

《中华人民共和国劳动合同法》

第六十八条 非全日制用工，是指以小时计酬为主，劳动者在同一用人单位一般平均每日工作时间不超过四小时，每周工作时间累计不超过二十四小时的用工形式。

温馨提示

非全日制用工不同于全日制用工，其在同一单位的工作时间较短，工作时间和工作地点通常不固定。既然用人单位聘用的是非全日制用工，就不能把非全日制用工当作全日制用工来安排，否则就触犯了法律，劳动合同中的违法部分也是无效的。企业为了更好地发展，就要遵守法律，正确对待劳动者。

自测小题

填空：小贾在某咖啡厅兼职做店员，每天平均工作时间不能超过________①小时。

---

① 解答：4。

劳动合同履行期间可以变更吗?

案例实录

小王到一家食品加工公司做包装工作，与公司签订了为期三年的劳动合同。其中，对于加班情况，合同规定，超出工作时间的加班按每小时30元计算，每个月随工资一起发。因为该食品加工公司每月接单不一样，所以工作时而紧张，时而宽松。每个月加班都没有具体的时长。公司考虑到加班需要记录每个人的加班时数，还要专门安排员工处理这件事，增加公司成本，而且不易操作，工作程序太麻烦。因此，公司决定每个月统一发500元作为加班补助。之后，相关人员向全体员工告知了此项规定，经过大家的分析，觉得此项规定是合理的，于是与公司达成了协议。那么，公司在合同期更改合同内容的做法是合法的吗?

律师分析

本案中，该公司劳动合同中对加班的薪酬有相关规定，但是在实际操作过程中显示出来的程序上的烦琐性，不利于相关工作的开展。对于这种问题，公司决定以每个月固定的补助作为加班费，无论加班多少，补助金额不变，此项决议已和员工达成了一致。根据《劳动合同法》第三十五条的规定，用人单位与劳动者协商一致，可以变更劳动合同约定的内容。变更劳动合同，应当采用书面形式。所以，该公司在施行新规定前已和员工达成了一致意见，可以变更劳动合同约定的内容。同时，对于变更后的合同，公司应该重新让员工签字，由用人单位和劳动者各执一份。

法条链接

《中华人民共和国劳动合同法》

第三十五条　用人单位与劳动者协商一致，可以变更劳动合同约定的内容。变更劳动合同，应当采用书面形式。

变更后的劳动合同文本由用人单位和劳动者各执一份。

温馨提示

劳动合同是用人单位与劳动者双方达成一致的结果，代表双方真实的意思表示，是自愿签订的。根据实际情况变动劳动合同的内容，有利于适应公司更好的发展，也有利于劳动者享有适当的待遇。因此，在劳动合同不能适应实际需要时，要在法律的范围内适当地变更合同内容。应当注意，变更后的劳动合同要双方重新签字确定。

自测小题

判断：小吴在公司工作一年后，认为自己应当加薪，但是劳动合同还没有到期，那么，他可以和公司协商变更劳动合同。(　　)①

① 解答：正确。

第五章

如何解决劳动合同争议

劳动争议申请仲裁的时效期是多久?

案例实录

方某经朋友介绍到一家机械制造公司做销售员，方某在入职前了解到公司每个月都会提供交通补助、话费补助、餐费补助，补助款项按月发放到工资卡。方某与公司签订了劳动合同，培训一个月以后开始了销售工作。公司不断给方某增加销售指标，三个月后，方某无法忍受工作压力提出辞职。方某按照正常程序办理了辞职手续，离开公司后，方某发现三个月的补助公司一点都没有给，方某几次向公司要补助都遭到了拒绝。方某得知可以通过劳动仲裁维权，但对其时效期等内容不太了解。那么，劳动争议申请仲裁的时效期是多久?

律师分析

《劳动争议调解仲裁法》第二十七条规定，劳动争议申请仲裁的时效期间为一年。劳动关系存续期间因拖欠劳动报酬发生争议的，劳动者申请仲裁不受本条第一款规定的仲裁时效期间的限制；但是，劳动关系终止的，应当自劳动关系终止之日起一年内提出。方某在离职一年内申请仲裁就能得到法律的支持和保护。

法条链接

《中华人民共和国劳动争议调解仲裁法》

第二十七条　劳动争议申请仲裁的时效期间为一年。仲裁时效期间从当事人知道或者应当知道其权利被侵害之日起计算。

前款规定的仲裁时效，因当事人一方向对方当事人主张权利，或者向有关部门请求权利救济，或者对方当事人同意履行义务而中断。从中断时起，仲裁时效期间重新计算。

因不可抗力或者有其他正当理由，当事人不能在本条第一款规定的仲裁时效期间申请仲裁的，仲裁时效中止。从中止时效的原因消除之日起，仲裁时效期间继续计算。

劳动关系存续期间因拖欠劳动报酬发生争议的，劳动者申请仲裁不受本条第一款规定的仲裁时效期间的限制；但是，劳动关系终止的，应当自劳动关系终止之日起一年内提出。

温馨提示

法律维护劳动者的正当权益，在劳动关系存续期间，用人单位存在损害劳动者合法权益行为的，劳动者在解除劳动合同后有权向有关部门针对劳动争议申请劳动仲裁。申请劳动仲裁有一定的时限，即从劳动关系终止之日起一年内有效。劳动者对损害自身利益的行为要敢于通过正当的渠道维权。

自测小题

填空：小陈想就休息休假问题申请劳动仲裁，时效期间为______[①]起一年。

① 解答：小明知道或者应当知道其权利被侵害之日。

仲裁庭对劳动争议案件有权裁决先予执行吗?

案例实录

一年以来，吴某所在的机械生产制造厂因销售额逐月下降导致资金链断裂，每个月的工资一拖再拖还是不发放。厂领导亲自向工人解释，希望全体员工齐心协力共渡难关，等工厂情况好转了一定及时补发工资。面对领导的承诺，大家同意了。半年后，工厂效益好转，但是上半年的工资却一直没有发放，吴某等人多次找厂方要工资都被厂方拒绝了，称厂里当时没有收入，不可能养闲人。吴某认为工厂效益虽然不好但是自己仍然每天都在工作，不给发工资没有道理，于是，吴某到劳动仲裁委员会要求工厂补发工资。仲裁庭根据吴某的申请，要求人民法院先予执行拖欠的工资。仲裁庭对劳动争议案件有权裁决先予执行吗?

律师分析

先予执行，是指人民法院在终局裁决、判决之前，为解决权利人生活或生产经营的急需，依法裁定义务人预先履行义务的制度。《劳动争议调解仲裁法》规定，仲裁庭对追索劳动报酬、工伤医疗费、经济补偿或者赔偿金的案件，根据当事人的申请，可以裁决先予执行，移送人民法院执行。吴某对拖欠的半年工资提请劳动争议仲裁，因支付员工工资是用人单位的义务，仲裁庭在了解具体情况的前提下，裁决先予执行，由人民法院执行。吴某、劳动仲裁庭以及人民法院都遵守了合法的法律程序。实践中用人单位和劳动者应注意，先予执行应当符合以下条件，即：（1）当事人之间权利义务关系明确；（2）不先予执行将严重影响申请人的生活。否则先予执行是违法的。

法条链接

《中华人民共和国劳动争议调解仲裁法》

第四十四条　仲裁庭对追索劳动报酬、工伤医疗费、经济补偿或者赔偿金的案件，根据当事人的申请，可以裁决先予执行，移送人民法院执行。

仲裁庭裁决先予执行的，应当符合下列条件：

（一）当事人之间权利义务关系明确；

（二）不先予执行将严重影响申请人的生活。

劳动者申请先予执行的，可以不提供担保。

温馨提示

劳动者对于用人单位侵害自身正当利益的行为，要勇于通过正当渠道维权，法律会维护劳动者的合法权益。劳动者与用人单位之间存在劳动争议时，如果劳动者与用人单位协商不成功，劳动者可以向劳动仲裁机构提出仲裁申请，仲裁庭根据实际情况有权裁决先予执行，并移送人民法院执行，从而维护劳动者的利益。

自测小题

判断：劳动者申请进行先予执行时，应当提供担保。（　　）[①]

① 解答：错误。

劳动仲裁裁决生效后，用人单位不执行的，劳动者该怎么办？

案例实录

郑某是一名动漫设计师，就职于一家大型动漫公司。公司领导非常重视动漫的研发，投入了大量的资金和人力资源。2020年9月，公司签订了一个定向的合作意向合同，对方要求两个月内制作出符合主题要求的动漫。公司任命郑某带领五人全力以赴开发项目，为了设计出高质量的动漫，郑某等人争分夺秒、加班加点，终于在规定的时间内完成了任务，同时受到了本公司和对方公司的肯定。郑某觉得两个月的时间让所有人都筋疲力尽，公司应该给大家奖金和加班费。结果公司以做好本职工作是公司的基本要求为由拒绝，郑某等人提请劳动仲裁，仲裁委员会裁定郑某所在公司按照规定支付加班费。但是，裁决书生效后，公司拒不执行。那么，劳动仲裁裁决生效后，用人单位不执行的，劳动者该怎么办？

律师分析

本案中，劳动仲裁裁决已经生效，但用人单位拒不执行生效裁判，这时就涉及劳动者申请法院强制执行的问题。所谓强制执行，是指法院按照法定程序，运用国家强制力量，根据执行文书的规定，强制民事义务人完成其所承担的义务，以保证权利人的权利得以实现。所有强制执行都是由人民法院执行的，劳动仲裁裁决也不例外。义务人即应主动、合法履行生效法律文书，如拒不履行，权利人可申请法院强制执行。这就表明，强制执行必须有合法的执行文书，包括发生法律效力的民事判决书、裁定书以及依法应由法院执行的其他法律文书。提出强制执行申请的权利人为申请人，被指名履行义务的人为被申请人，又称被执行人。申请人提出申请后，法院就应当依法予以受理，符合强制执行条件的应当予以执行。在郑某等人与公司的争议中，生效劳动仲裁裁决是强制执行的执行文书，郑某等人是执行申请人，公司是被执行人。郑某不是强制执行机关，不能自行强制执行，只能申请当地人民法院强制执行。人民法院受理该申请后应当依法予以执行。

法条链接

《中华人民共和国劳动法》

第八十三条　劳动争议当事人对仲裁裁决不服的，可以自收到仲裁裁决书之日起十五日内向人民法院提起诉讼。一方当事人在法定期限内不起诉又不履行仲裁裁决的，另一方当事人可以申请人民法院强制执行。

《中华人民共和国劳动争议调解仲裁法》

第五十一条　当事人对发生法律效力的调解书、裁决书，应当依照规定的期限履行。一方当事人逾期不履行的，另一方当事人可以依照民事诉讼法的有关规定向人民法院申请执行。受理申请的人民法院应当依法执行。

温馨提示

用人单位和劳动者对劳动争议仲裁都有质疑的权利，当事人对裁决不服的可以在规定时间内向法院提起诉讼。被执行人对裁决既不执行也不起诉的，仲裁申请人不能强制另一方执行，但可以依照法定程序向人民法院申请执行，从而维护自己的合法权益。

自测小题

选择：江小姐申请的劳动仲裁生效后，公司拒不执行，应当如何处理？（　　）[1]

A. 置之不理，自认倒霉

B. 向法院申请强制执行

C. 到公司去闹

D. 向仲裁委申请强制执行

劳动争议发生后，当事人能否直接向法院提起诉讼？

案例实录

姜某是某网络公司的编程员，2020 年 10 月，公司将一个开发项目交给了姜某，要求姜某在一个月内完成编程工作。姜某全力以赴，但是事与愿违，姜某的设计方案没有得到领导的认可，领导对姜某的工作很不满意，认为姜某没有干好本职工作，并给公司造成了损失，决定取消本月工资的发放。姜某认为公司的做法是违法的，自己尽心尽力地做了工作，用人单位就应该支付相应的报酬，于是姜某打算将公司告上法庭。那么，劳动争议发生后，当事人能否直接向法院提起诉讼？

---

① 解答：B。

律师分析

姜某并不能直接将所在公司起诉到法院，必须先申请劳动仲裁，如果对仲裁裁决不服，姜某才可以向法院提起诉讼。根据《劳动法》《劳动争议调解仲裁法》等法律法规的规定，我国的劳动争议实行“协商、调解、仲裁、诉讼”的处理机制。我国的劳动争议仲裁具有强制性，劳动争议仲裁程序是劳动争议诉讼的必经程序，也是劳动争议诉讼的前置程序，即劳动争议当事人要想向人民法院提起诉讼就必须先向劳动争议仲裁委员会申请仲裁，当事人对劳动争议仲裁委员会仲裁裁决不服的，自收到裁决书之日起十五日内才可以向人民法院提起诉讼，人民法院才会受理劳动争议案件。

劳动仲裁是劳动争议解决的前置程序，因此，姜某应当在相信法律、相信法律工作者的基础上申请劳动仲裁；如果其对仲裁裁决不服，才可以在法定时间内向法院提起诉讼。

法条链接

《中华人民共和国劳动法》

第七十九条　劳动争议发生后，当事人可以向本单位劳动争议调解委员会申请调解；调解不成，当事人一方要求仲裁的，可以向劳动争议仲裁委员会申请仲裁。当事人一方也可以直接向劳动争议仲裁委员会申请仲裁。对仲裁裁决不服的，可以向人民法院提起诉讼。

《中华人民共和国劳动争议调解仲裁法》

第五条　发生劳动争议，当事人不愿协商、协商不成或者达成和解协议后不履行的，可以向调解组织申请调解；不愿调解、调解不成或者达成调解协议后不履行的，可以向劳动争议仲裁委员会申请仲裁；对仲裁裁决不服的，除本法另有规定的外，可以向人民法院提起诉讼。

温馨提示

劳动争议发生后，用人单位和劳动者应该着力化解矛盾，避免纠纷扩大。我国法律明确规定了处理劳动争议的步骤：首先，由劳动者与用人单位就存在争议的问题进行协商；其次，如果协商不成功，可以向调解组织申请调解；再次，不愿调解、调解不成或者达成调解协议后不履行的，要向劳动争议仲裁委员会申请仲裁；最后，对仲裁裁决不服的，可以向人民法院提起诉讼。

自测小题

判断：小周和公司发生了劳动争议，可以直接提起诉讼。(　　)①

申请劳动争议仲裁后，可以和解吗？

案例实录

万某应聘到某房产公司做项目策划。万某在工作中发挥了自己的专长，各项工作都得到了公司的肯定。一年后，万某结婚，按照劳动合同的规定，万某有三天婚假，同时加上一周的年休假，万某共休息了十天。万某本以为这些假期是带薪的，但是发工资

① 解答：错误。

后发现，公司扣了万某十天的工资，这让万某很不解。万某几次讨要都遭到拒绝。为了维权，万某申请了劳动仲裁，希望仲裁委员会帮助自己讨要正常休假的工资。公司得知万某申请仲裁后，有意和解，提出补发工资。万某同意公司的和解方案，决定撤回仲裁申请。那么，申请劳动争议仲裁后，可以和解吗？

律师分析

劳动争议仲裁是指劳动争议仲裁委员会根据当事人的申请，依法对劳动争议在事实上作出判断、在权利义务上作出裁决的一种法律制度。根据《劳动争议调解仲裁法》的规定，万某与他所在房产公司因未发放万某的正常休假工资问题而发生的争议属于劳动争议，万某可以依法提起劳动争议仲裁。在仲裁委员会处理该劳动争议过程中，根据该法第四十一条“当事人申请劳动争议仲裁后，可以自行和解”的规定，该房产公司可以提出和解，万某也可以根据当时的实际情况接受和解。在双方达成了合法和解协议的基础上，万某撤回仲裁申请是合理合法的，该公司对该问题的处理也是维护劳动者合法权益前提下的合理行为，法律是予以支持和鼓励的。

法条链接

《中华人民共和国劳动争议调解仲裁法》

第四十一条　当事人申请劳动争议仲裁后，可以自行和解。达成和解协议的，可以撤回仲裁申请。

温馨提示

劳动者的正当权益受到用人单位的侵害，在劳动者与用人单位协商解决未成功的情况下，劳动者有权向仲裁委员会针对劳动争议申请仲裁。劳动仲裁委员会接到申请后，对于符合立案条件的应该及时受理，在启动仲裁程序后，用人单位与劳动者可以就该争议自行和解。双方达成和解协议的，可以撤回仲裁申请；如果对和解协议不满意的，也可以不撤回仲裁申请。

自测小题

判断：朱先生和公司在进行劳动仲裁时自行和解了，朱先生可以撤回仲裁申请。(　　)①

职工亲属有权举报职工所在单位不履行劳动合同的行为吗?

案例实录

小王通过网络投简历找到了一份待遇非常不错的工作。入职当天，人事部门与小王签订了为期三年的劳动合同，由于小王的妻子刚生完孩子，家里需要人照顾，所以小王对合同中规定的双休日感到很满意。小王在工作中得心应手，得到了公司领导的赏识。一个月后，单位通知所有员工要全力以赴开发项目，取消双休日的正常休息，并给予一定的补助。小王觉得取消休息可能是暂时的，坚持到项目完成就可以恢复。但是，项目开发成功以后，双休日仍然照常工作。独自在家照顾孩子的妻子觉得小王公司的做法是不对的，为了维护员工的利益，小王妻子打算向公司讨个

① 解答：正确。

说法。那么，职工亲属有权举报职工所在单位不履行劳动合同的行为吗?

律师分析

《劳动合同法》第七十九条规定："任何组织或者个人对违反本法的行为都有权举报，县级以上人民政府劳动行政部门应当及时核实、处理，并对举报有功人员给予奖励。"据此我们可以知道，小王的妻子可以就小王单位不履行劳动合同，取消职工休息的行为向有关部门举报。从此条规定中我们也可以看到，国家是鼓励人们积极监督用人单位认真履行劳动合同的。国家鼓励民众通过监督举报的方式来维护劳动者弱势群体的利益。小王妻子的举报会经过县级以上人民政府劳动行政部门核实后作出处理。若举报有功，国家还会给予奖励。

法条链接

《中华人民共和国劳动合同法》

第七十九条　任何组织或者个人对违反本法的行为都有权举报，县级以上人民政府劳动行政部门应当及时核实、处理，并对举报有功人员给予奖励。

温馨提示

不管是用人单位还是劳动者都应该遵守劳动合同约定的内容，履行各自的义务。用人单位在劳动合同中承诺给劳动者的福利待遇要严格执行，不予执行的属于违法行为。劳动者及任何组织和个人对用人单位的违约行为都有权向相关部门举报，维护劳动者的正当权益。对于举报行为，劳动行政部门应该调查核实并及时处理。

自测小题

选择：小王所在的公司没有按规定为员工配套劳动条件的，以下哪些人员有权去劳动行政部门举报？（　　）[1]

A. 小王

B. 小王的父亲

C. 小王的同事小李

D. 小王的朋友

对无效劳动合同造成的损害可以索赔吗？

案例实录

小张是北京某公司的技术骨干，大学毕业以后就在该公司工作，原本小张想等攒够钱后在北京安家落户，但是，在异地工作的女朋友不同意小张留在北京。为了婚姻生活，无奈之下小张打算放弃北京的工作。小张回到老家找工作，某单位称如果小张同意来该公司工作将给小张一套房子，小张怦然心动，果断支付了原公司解除劳动合同的违约金，并与老家的公司签订了劳动合同。可是，小张入职后房子的事儿就被搁置了，公司称任何员工都不会享受分房的待遇。小张认为，该公司欺骗了自己，于是将其告上法庭，法院确认劳动合同无效。那么，对无效劳动合同造成的损害可以索赔吗？

---

① 解答：ABCD。

律师分析

我们可以看到，小张与家乡公司签订劳动合同以该公司承诺给小张分房为前提，结果小张入职后公司一直不予兑现，属于欺诈行为。根据《劳动合同法》第二十六条第一款的规定，小张与该家公司的劳动合同属于无效劳动合同，法院也依法确认了此劳动合同无效。那么，小张与这家公司的劳动合同被确认无效之后，小张是否能要求损害赔偿呢？根据《劳动合同法》第八十六条的规定，该公司的欺诈行为造成了小张与原公司解约并支付违约金，给小张造成了一定的损害。对于相关损害，小张现在就职的公司具有过错，应当承担对小张的赔偿责任，小张当然可以向其索赔。

法条链接

《中华人民共和国劳动合同法》

第二十六条第一款　下列劳动合同无效或者部分无效：

（一）以欺诈、胁迫的手段或者乘人之危，使对方在违背真实意思的情况下订立或者变更劳动合同的；

……

第八十六条　劳动合同依照本法第二十六条规定被确认无效，给对方造成损害的，有过错的一方应当承担赔偿责任。

温馨提示

订立劳动合同应该本着尊重劳动者和用人单位双方自由意志的原则，双方需坦诚相待。即使用人单位为了吸纳优秀的员工，也不得以欺诈、威胁等手段逼迫对方签订劳动合同，而对于承诺给劳动者的待遇、福利等要及时兑现。劳动者发现用人单位未按约定履行合同内容的，应该懂得用法律武器维护自身权益，因此给自身造成损害的还应要求用人单位给予赔偿。

自测小题

判断：因为小吴和公司签订的劳动合同是无效的，所以即使小吴受到损失也不能找公司要额外的赔偿。（　　）[1]

包工头招用童工致伤残由谁承担赔偿责任？

案例实录

某公司要进行整体改造装修，公司经理张某通过熟人介绍，认识了已经做了十年装修工程的包工头李某，李某实地考察后承诺能按期保质保量完工，于是，张某将装修工程承包给了李某。由于李某承包了几处装修任务，人手不够用，为了不影响工期，李某找了一个15岁外来打工者肖某。肖某称之前有工地务工的经历，保证没问题。李某和肖某签订了劳动合同，肖某自行承担工作风险。在装修中，肖某不慎因触电从高架上摔下，导致下肢伤残，李某对此不闻不问，所有费用不予支付。那么，包工头招用童工致伤残由谁承担赔偿责任？

律师分析

我们先来看，李某与肖某合同中约定“肖某自行承担工作风险”这一条款是否有效？根据《劳动合同法》第二十六条第一款

① 解答：错误。

的规定，用人单位免除自己的法定责任、排除劳动者权利的劳动合同条款无效。而李某合同中的这一条款排除了李某自己的责任，依法应当属于无效条款。我们再来看，该条款无效了，谁来承担肖某受伤的责任？《劳动合同法》第九十四条规定："个人承包经营违反本法规定招用劳动者，给劳动者造成损害的，发包的组织与个人承包经营者承担连带赔偿责任。"李某招用了不满 16 周岁的肖某，又与其签订了违反《劳动合同法》规定的劳动合同，那么，对于肖某的损害，依法由张某所在公司与李某承担连带赔偿责任。

法条链接

《中华人民共和国劳动合同法》

第二十六条第一款　下列劳动合同无效或者部分无效：

……

（二）用人单位免除自己的法定责任、排除劳动者权利的；

……

第九十四条　个人承包经营违反本法规定招用劳动者，给劳动者造成损害的，发包的组织与个人承包经营者承担连带赔偿责任。

温馨提示

用人单位应保证劳动者在工作中的人身安全，并对因工导致的伤残承担责任。保护劳动者人身不受伤害是用人单位的义务，用人单位不能单方面免除法定责任，否则属于违法行为。在实践中，个人承包人与发包方都要对劳动者的劳动安全卫生负责，有违反《劳动合同法》的行为都要承担连带赔偿责任。为了保护未成年人，我国法律禁止用人单位招用童工，童工在工作中出现的损害应由用人单位依法承担赔偿责任。

自测小题

填空：个体户老张招用了14岁的小李当学徒。小李在工作时受伤，应当由________[①]赔偿小李的损失。

用人单位被吊销营业执照该如何补偿劳动者?

案例实录

2016年6月，高某大学毕业后就到某公司工作，并与该公司签订了为期五年的劳动合同。该公司经营状况一直不错，但是在2020年6月被相关部门查出排放污水导致当地水源被严重污染，几经停业整顿无效后被吊销营业执照。公司不能正常运作导致劳动合同终止，公司将全体员工都辞退了，承诺多发一个月基本工资作为补偿。高某认为公司的做法是违法的，与公司协商遭到了拒绝。高某觉得多年的工作白费了，最后连补偿金都少得可怜。那么，用人单位被吊销营业执照该如何补偿劳动者?

律师分析

高某在公司工作四年，可以获得四个月工资作为经济补偿金。根据《劳动合同法》第四十四条第（五）项和第四十六条第（六）项的规定，用人单位由于提前解散而解除劳动合同的，应

① 解答：老张。

当支付劳动者经济补偿金。另外，根据该法第四十七条的规定，经济补偿按劳动者在本单位工作的年限，每满一年支付一个月工资的标准向劳动者支付。本案中，高某在该公司工作了四年，故可以获得四个月工资的经济补偿金。

法条链接

《中华人民共和国劳动合同法》

第四十四条　有下列情形之一的，劳动合同终止：

……

（五）用人单位被吊销营业执照、责令关闭、撤销或者用人单位决定提前解散的；

……

第四十六条　有下列情形之一的，用人单位应当向劳动者支付经济补偿：

……

（六）依照本法第四十四条第四项、第五项规定终止劳动合同的；

……

第四十七条　经济补偿按劳动者在本单位工作的年限，每满一年支付一个月工资的标准向劳动者支付。六个月以上不满一年的，按一年计算；不满六个月的，向劳动者支付半个月工资的经济补偿。

劳动者月工资高于用人单位所在直辖市、设区的市级人民政府公布的本地区上年度职工月平均工资三倍的，向其支付经济补偿的标准按职工月平均工资三倍的数额支付，向其支付经济补偿的年限最高不超过十二年。

本条所称月工资是指劳动者在劳动合同解除或者终止前十二个月的平均工资。

温馨提示

因用人单位原因导致劳动者劳动合同提前解约的，按照法律规定用人单位应支付经济补偿金，这一规定体现了法律维护劳动者的正当权益。经济补偿金的多少与劳动者参加工作时间的长短有关，每满一年应支付一个月工资，满半年未满一年的按一年计数，不满半年的支付半个月经济补偿金，劳动者应根据自己的工作年限依法向用人单位索要补偿金。

自测小题

判断：小杨在公司工作三年零八个月后，公司解散了。那么，公司应当支付给他________①的工资作为补偿金。

劳动合同因任务完成而终止的，劳动者会得到补偿吗？

案例实录

张某是开发游戏软件的工程师，在业界享有很高的声誉。2020 年 1 月，某网游公司找到张某，希望他能帮助公司开发一款新游戏，经过双方协议，签订了劳动合同，游戏上市后合同终止。半年后，经过张某和同事们的共同努力，游戏开发成功，而且市

① 解答：4 个月。

场反应很好，公司的收益得到了很大提高。由于张某的薪资待遇非常高，公司认为现在该款游戏市场稳定，张某的任务已经完成，可以终止劳动合同了。在这种情况下，劳动合同因任务完成而终止的，劳动者会得到补偿吗？

律师分析

《劳动合同法实施条例》第二十二条规定："以完成一定工作任务为期限的劳动合同因任务完成而终止的，用人单位应当依照劳动合同法第四十七条的规定向劳动者支付经济补偿。"因此，张某任务完成后，终止与某网游公司的劳动合同，公司应当支付经济补偿。《劳动合同法》第四十七条第一款规定："经济补偿按劳动者在本单位工作的年限，每满一年支付一个月工资的标准向劳动者支付。六个月以上不满一年的，按一年计算；不满六个月的，向劳动者支付半个月工资的经济补偿。"张某获得的经济补偿的标准按照其在该单位工作的年限计算。

法条链接

《中华人民共和国劳动合同法实施条例》

第二十二条　以完成一定工作任务为期限的劳动合同因任务完成而终止的，用人单位应当依照劳动合同法第四十七条的规定向劳动者支付经济补偿。

《中华人民共和国劳动合同法》

第四十七条第一款　经济补偿按劳动者在本单位工作的年限，每满一年支付一个月工资的标准向劳动者支付。六个月以上不满一年的，按一年计算；不满六个月的，向劳动者支付半个月工资的经济补偿。

温馨提示

有些工作具有阶段性特征，用人单位为了优化资源配置，会与劳动者签订以完成一定工作任务为期限的劳动合同，按照合同规定，任务完成后双方的劳动关系终止。面对这种劳动合同，很多劳动者不清楚合同履行完成后是否有权要求用人单位支付经济补偿。事实上，为了维护劳动者权益，法律规定此类劳动合同终止，劳动者可以根据工作期限要求用人单位支付补偿金。

自测小题

选择：小明和公司签订了一份以完成一定任务为期限的劳动合同，一年后，因任务完成致使劳动合同终止，那么，公司应当支付给小明多少经济补偿金？（　　）①

A. 无需支付　　B. 1个月的工资

C. 2个月的工资　　D. 3个月的工资

关于休息休假的仲裁裁决是终局裁决吗？

案例实录

刘某应聘到一家杂志社做编辑，刘某与杂志社签订了为期三年的劳动合同，合同约定用人单位保证员工的休息休假时间，一周工作五天，法定节假日不上班，如在法定节假日工作，杂志社

① 解答：B。

需支付平时工资的三倍。刘某入职后，每逢节假日都被安排采访任务。刘某觉得自己是新人，理应锻炼学习，也就没计较正常的休假。但是，刘某发现休息日被工作占用，杂志社却没有按照合同规定支付工资。刘某不满，向有关部门提起了劳动争议仲裁，仲裁委员会根据情况作出了仲裁裁决，并称裁决为终局裁决。那么，关于休息休假的仲裁裁决是终局裁决吗？

律师分析

劳动争议终局裁决是指仲裁庭在案件审理终结时，对当事人提交的全部实体争议所作的裁决内容自作出之日起即发生法律效力的裁决。《劳动争议调解仲裁法》规定，对于追索劳动报酬、工伤医疗费、经济补偿和赔偿金，不超过当地月最低工资标准十二个月金额的争议；或因执行劳动标准在工作时间、休息休假、社会保险方面发生的争议，均可实行终局裁决。但是，劳动者对仲裁裁决不服的，可以自收到仲裁裁决书之日起十五日内向人民法院提起诉讼。用人单位有证据证明仲裁裁决有违法情形的，可以自收到仲裁裁决书之日起三十日内向劳动争议仲裁委员会所在地的中级人民法院申请撤销裁决。本案中，刘某与所在杂志社就休息休假问题发生争议，仲裁委员会对此作出的裁决是终局裁决，如果刘某对裁决不服可以依法提起诉讼。刘某所在的杂志社认为仲裁中有违法行为的，可以申请当地中级人民法院撤销其裁决。

法条链接

《中华人民共和国劳动争议调解仲裁法》

第四十七条　下列劳动争议，除本法另有规定的外，仲裁裁决为终局裁决，裁决书自作出之日起发生法律效力：

（一）追索劳动报酬、工伤医疗费、经济补偿或者赔偿金，不超过当地月最低工资标准十二个月金额的争议；

（二）因执行国家的劳动标准在工作时间、休息休假、社会保险等方面发生的争议。

第四十八条　劳动者对本法第四十七条规定的仲裁裁决不服的，可以自收到仲裁裁决书之日起十五日内向人民法院提起诉讼。

第四十九条　用人单位有证据证明本法第四十七条规定的仲裁裁决有下列情形之一，可以自收到仲裁裁决书之日起三十日内向劳动争议仲裁委员会所在地的中级人民法院申请撤销裁决：

（一）适用法律、法规确有错误的；

（二）劳动争议仲裁委员会无管辖权的；

（三）违反法定程序的；

（四）裁决所根据的证据是伪造的；

（五）对方当事人隐瞒了足以影响公正裁决的证据的；

（六）仲裁员在仲裁该案时有索贿受贿、徇私舞弊、枉法裁决行为的。

人民法院经组成合议庭审查核实裁决有前款规定情形之一的，应当裁定撤销。

仲裁裁决被人民法院裁定撤销的，当事人可以自收到裁定书之日起十五日内就该劳动争议事项向人民法院提起诉讼。

温馨提示

法律明确规定了终局仲裁的适用情况，对于一裁终局的案件，如果劳动者对仲裁结果持有异议，可以在收到仲裁裁决书的十五日内向法院提起诉讼，这是法律赋予劳动者的权利；用人单位如果认为仲裁过程中存在违法的行为，可以在收到裁决书的三十日之内向中级人民法院申请撤销裁决，这也是法律给予用人单位维权的措施。

自测小题

选择：涉及下列哪些项目的劳动仲裁裁决自作出之日起就生效了？（　　）[①]

A. 追索劳动报酬　　B. 工伤医疗费

C. 经济补偿金　　D. 社会保险

用人单位依法终止工伤职工的劳动合同后，该职工会享受哪些补偿？

案例实录

张某是某板材加工厂的技术工人，常年在车间工作，由于长期与机器接触，工作具有一定的危险性。2019 年 9 月，张某在检修机器时，由于机器控制失灵导致右手手臂受伤，手臂被绞到机器里。经过治疗，张某的右手手臂丧失了劳动能力，被鉴定为七级伤残。12 月，张某与该工厂的劳动合同期满，张某与用人单位都没有续约的意愿，于是，用人单位依法与张某解除了劳动合同。

① 解答：ABCD。

在这种情况下，用人单位依法终止工伤职工的劳动合同的，该职工会享受哪些补偿？

律师分析

《劳动合同法实施条例》第二十三条规定："用人单位依法终止工伤职工的劳动合同的，除依照劳动合同法第四十七条的规定支付经济补偿外，还应当依照国家有关工伤保险的规定支付一次性工伤医疗补助金和伤残就业补助金。"同时，《劳动合同法》第四十五条规定："丧失或者部分丧失劳动能力劳动者的劳动合同的终止，按照国家有关工伤保险的规定执行。"《工伤保险条例》第三十七条规定："职工因工致残被鉴定为七级伤残的，享受以下待遇：（一）从工伤保险基金按伤残等级支付一次性伤残补助金，标准为：七级伤残为13个月的本人工资……（二）劳动、聘用合同期满终止，或者职工本人提出解除劳动、聘用合同的，由工伤保险基金支付一次性工伤医疗补助金，由用人单位支付一次性伤残就业补助金。一次性工伤医疗补助金和一次性伤残就业补助金的具体标准由省、自治区、直辖市人民政府规定。"张某因工致残，与用人单位的劳动关系依法终止的，应当享有经济补偿金以及依其伤残等级应当获得的十三个月本人工资的一次性伤残补助金、一次性工伤医疗补助金和伤残就业补助金。

法条链接

《中华人民共和国劳动合同法实施条例》

第二十三条　用人单位依法终止工伤职工的劳动合同的，除依照劳动合同法第四十七条的规定支付经济补偿外，还应当依照国家有关工伤保险的规定支付一次性工伤医疗补助金和伤残就业补助金。

《中华人民共和国劳动合同法》

第四十五条　劳动合同期满，有本法第四十二条规定情形之一的，劳动合同应当续延至相应的情形消失时终止。但是，本法第四十二条第二项规定丧失或者部分丧失劳动能力劳动者的劳动合同的终止，按照国家有关工伤保险的规定执行。

《工伤保险条例》

第三十七条　职工因工致残被鉴定为七级至十级伤残的，享受以下待遇：

（一）从工伤保险基金按伤残等级支付一次性伤残补助金，标准为：七级伤残为13个月的本人工资，八级伤残为11个月的本人工资，九级伤残为9个月的本人工资，十级伤残为7个月的本人工资；

（二）劳动、聘用合同期满终止，或者职工本人提出解除劳动、聘用合同的，由工伤保险基金支付一次性工伤医疗补助金，由用人单位支付一次性伤残就业补助金。一次性工伤医疗补助金和一次性伤残就业补助金的具体标准由省、自治区、直辖市人民政府规定。

温馨提示

因工伤导致劳动者伤残的，用人单位对此应承担相应的责任。一般情况下，因工伤导致劳动者丧失或者部分丧失劳动能力，用人单位会根据实际情况调整劳动者岗位或者依法解除劳动合同。

解除劳动合同的，用人单位除了支付经济补偿金外，还要支付一次性工伤医疗补助金和伤残就业补助金。对劳动者的金钱补助，一方面是为了保障其正常生活，另一方面也是为了提醒用人单位重视对职工劳动安全的保护。

自测小题

选择：小马受工伤后被鉴定为七级伤残，医疗期满后不能从事原来工作，也不能换其他岗位，公司只能与其解除劳动合同。那么，小马可以获得下面哪些补偿？(　　)①

A. 一次性工伤医疗补助金

B. 伤残就业补助金

C. 一次性伤残补助金

D. 经济补偿金

工会如何发挥维护劳动者合法权益的功能？

案例实录

程某被一家机械制造企业聘用，职务是技术员。单位和程某在进行了一系列沟通后，签订了劳动合同。劳动合同中约定，单位如果有加班就按小时支付加班费，加班费和每月工资一起发放。入职一个月后，程某所在车间需要赶工期，领导决定每天加班两小时。程某连续加班十天，下发工资后，程某发现并没有发放加

① 解答：ABCD。

班费。程某有些不解，询问人事处后得知加班费年底统一发放。程某认为工厂的做法违反了劳动合同的约定，为了维护自身权利，程某想讨个说法，但是不清楚由谁负责，朋友告知程某可以找工会解决。那么，工会如何发挥维护劳动者的合法权益的功能？

律师分析

根据《劳动合同法》第七十八条的规定，工会依法维护劳动者的合法权益，对用人单位履行劳动合同、集体合同的情况进行监督。用人单位违反劳动法律、法规和劳动合同、集体合同的，工会有权提出意见或者要求纠正；劳动者申请仲裁、提起诉讼的，工会依法给予支持和帮助。据此我们可以知道，程某与用人单位签订了劳动合同，双方之间存在劳动关系，程某所在企业的工会依法有对工厂履行劳动合同、集体合同的情况进行监督的义务。工厂不按约履行合同的，工会有权提出意见或者要求纠正；如果程某申请仲裁、提起诉讼，工会依法应给予程某支持和帮助。当然工会的功能不止这些，比如在用人单位单方解除劳动合同时，应当事先将理由通知工会，用人单位应当研究工会的意见，并将处理结果书面通知工会。程某在与工厂履行合同中，遇到问题可以去工会寻求帮助。

法条链接

《中华人民共和国劳动合同法》

第七十八条　工会依法维护劳动者的合法权益，对用人单位履行劳动合同、集体合同的情况进行监督。用人单位违反劳动法律、法规和劳动合同、集体合同的，工会有权提出意见或者要求纠正；劳动者申请仲裁、提起诉讼的，工会依法给予支持和帮助。

温馨提示

工会是为了监督用人单位、维护劳动者合法权益而成立的组织。工会要履行自己的监督职责，对用人单位违反合同约定、违反法律法规的行为要及时制止并敦促改正。劳动者要提高维权意识，面对损害自己正当利益的行为应当及时向工会寻求帮助，工会对劳动者反映的情况应当积极面对，核实情况后根据需要给予相应的支持和帮助。

自测小题

判断：劳动者就追索劳动报酬而申请劳动仲裁时，公司的工会应当给予支持。(　　)[1]

① 解答：正确。

第六章

劳务派遣问题

劳务派遣的用工岗位与一般的劳动合同中的用工岗位有什么区别吗?

案例实录

齐某为一名中级会计师，去年年底与某劳务派遣公司签订了为期三年的劳动合同。2020 年 1 月，某银行的某市分行由于会计辞职，没有其他会计人员，于是找到某劳务派遣公司，并签订了劳务派遣协议，约定将该劳务派遣公司的员工齐某派往该分行工作，齐某在该分行从事工作的期限是一年。齐某被派往某银行某市分行，从事会计工作，独自承担起某银行某市分行的会计职责。在一年的派遣期限届满后，该分行提出与该劳务派遣公司续约，该劳务派遣公司继续将齐某派往某分行一年，从事会计工作。某银行某市分行要求齐某独自承担会计工作的做法符合法律规定吗?

律师分析

《劳动合同法》第六十六条第一款、第二款规定:“劳动合同用工是我国的企业基本用工形式。劳务派遣用工是补充形式，只能在临时性、辅助性或者替代性的工作岗位上实施。前款规定的临时性工作岗位是指存续时间不超过六个月的岗位；辅助性工作岗位是指为主营业务岗位提供服务的非主营业务岗位；替代性工作岗位是指用工单位的劳动者因脱产学习、休假等原因无法工作的一定期间内，可以由其他劳动者替代工作的岗位。”本案中，齐某在某银行某市分行中从事的不是临时性、辅助性或者替代性的工作，而是独自承担起会计职责，所以，某银行某市分行的做法违反上述法律的规定，应依法承担法定责任。

法条链接

《中华人民共和国劳动合同法》

第六十六条第一款、第二款　劳动合同用工是我国的企业基本用工形式。劳务派遣用工是补充形式，只能在临时性、辅助性或者替代性的工作岗位上实施。

前款规定的临时性工作岗位是指存续时间不超过六个月的岗位；辅助性工作岗位是指为主营业务岗位提供服务的非主营业务岗位；替代性工作岗位是指用工单位的劳动者因脱产学习、休假等原因无法工作的一定期间内，可以由其他劳动者替代工作的岗位。

温馨提示

劳务派遣这种用工形式越来越普遍，但是劳务派遣的用工岗位并不能像一般的劳动合同关系中的用工岗位一样，它必须受到一定的限制，临时性、辅助性、替代性是其不能改变的特点。否则，就会对劳动关系的基础构成严重的挑战，导致劳动法的作用无法正常发挥，劳动者的合法权益将无法得到应有的保障，社会公平也将难以维护和实现。

自测小题

选择：以下哪些岗位可以采用劳务派遣的用工方式？（　　）①

A. 翻译　　　　B. 主持人

C. 礼仪小姐　　D. 短期文员

劳务派遣公司向劳动者收取费用的做法符合法律规定吗？

案例实录

2020 年 10 月，王某等 10 人被某劳务派遣公司招聘为员工，双方签订了为期两年的劳动合同。11 月，该劳务派遣公司将王某等 10 人派往某机械厂务工，由劳务派遣公司与机械厂签订劳动合同，机械厂发给王某等 10 人每人每月 3000 元的工资汇入劳务派遣公司的账户，由劳务派遣公司发放。在机械厂工作两个月后，王某等 10 人发现在机械厂与其从事相同劳动的其他劳动者的月工资为 3000 元，而他们 10 人的月工资仅为 2500 元。王某等 10 人找到某劳务派遣公司，该劳务派遣公司解释，每月少发给他们的 500 元作为中介费和管理费被公司收取了。那么，请问劳务派遣公司向劳动者收取费用的做法符合法律规定吗？

律师分析

在现实生活中，很多劳务派遣组织以劳务承包或劳务中介为主，兼营劳务派遣。这些组织认为自己向劳动者提供了服务，便

① 解答：ABCD。

有权从中提取一定数额的钱，作为自己的劳动所得。但是，《劳动合同法》第九条规定："用人单位招用劳动者，不得扣押劳动者的居民身份证和其他证件，不得要求劳动者提供担保或者以其他名义向劳动者收取财物。"同时，该法第六十条也规定："……劳务派遣单位不得克扣用工单位按照劳务派遣协议支付给被派遣劳动者的劳动报酬。劳务派遣单位和用工单位不得向被派遣劳动者收取费用。"由此可见，劳务派遣公司以劳务派遣的名义招用劳动者，双方应当根据《劳动合同法》第五十八条第二款的规定，订立两年以上的固定期限的劳动合同，按月支付劳动报酬。劳务派遣单位是没有权利向劳动者收取任何费用的，因为劳务派遣性质不同于"职业介绍中介"，不能以给劳动者介绍工作为由，收取任何费用。

法条链接

《中华人民共和国劳动合同法》

第九条　用人单位招用劳动者，不得扣押劳动者的居民身份证和其他证件，不得要求劳动者提供担保或者以其他名义向劳动者收取财物。

第五十八条第二款　劳务派遣单位应当与被派遣劳动者订立二年以上的固定期限劳动合同，按月支付劳动报酬；被派遣劳动者在无工作期间，劳务派遣单位应当按照所在地人民政府规定的最低工资标准，向其按月支付报酬。

第六十条　劳务派遣单位应当将劳务派遣协议的内容告知被派遣劳动者。

劳务派遣单位不得克扣用工单位按照劳务派遣协议支付给被派遣劳动者的劳动报酬。

劳务派遣单位和用工单位不得向被派遣劳动者收取费用。

温馨提示

劳动者与劳务派遣机构签订劳动合同，两者是劳动者与用人单位的关系，为了保护劳动者的合法权益，法律明确规定劳务派遣机构不得克扣劳动者的工资，不得向劳动者收取费用。只有有效地保护劳动者的合法权益，才能充分调动劳动者的劳动积极性、创造性，从而为国家、社会、人民以及个人创造财富，使社会生产力得到提高。

自测小题

判断：小周是某劳务派遣单位的派遣工。劳务派遣单位每个月可以扣留其工资中的100元作为担保费用。(　　)[①]

劳务派遣人员能否以非全日制用工的形式与派遣单位建立劳动关系?

案例实录

李某是一名辅导学校的教师，由于他工作时间比较松散，所以想要再找一份兼职工作。一日，李某在网上看到了某劳务派遣公司投放的招聘被派遣人员的广告，李某看后很感兴趣。于是，

① 解答：错误。

李某来到某劳务派遣公司应聘。经过面试，该劳务派遣公司决定录用李某。在签订劳动合同前，李某提出自己有工作，只能以非全日制用工的形式与该劳务派遣公司建立劳动关系。该劳务派遣公司表示不能接受，必须是全日制用工形式，否则不能与李某签订劳动合同。该劳务派遣公司的观点符合法律规定吗？李某的要求可以得到法律的支持吗？

律师分析

《劳动合同法》第五十八条第二款规定："劳务派遣单位应当与被派遣劳动者订立二年以上的固定期限劳动合同，按月支付劳动报酬；被派遣劳动者在无工作期间，劳务派遣单位应当按照所在地人民政府规定的最低工资标准，向其按月支付报酬。"根据本条规定，劳务派遣单位应当与被派遣劳动者订立二年以上的固定期限劳动合同，而非全日制用工属于一种灵活的用工形式，双方当事人可以订立口头协议，且可以随时提出终止用工，这与劳务派遣必须订立二年以上的固定期限劳动合同的规定显然冲突。《劳动合同法实施条例》第三十条规定："劳务派遣单位不得以非全日制用工形式招用被派遣劳动者。"本条对劳务派遣单位招用非全日制用工作出了明确的禁止。所以，在本案中，李某的要求不能得到支持。

法条链接

《中华人民共和国劳动合同法》

第五十八条第二款　劳务派遣单位应当与被派遣劳动者订立二年以上的固定期限劳动合同，按月支付劳动报酬；被派遣劳动者在无工作期间，劳务派遣单位应当按照所在地人民政府规定的最低工资标准，向其按月支付报酬。

《中华人民共和国劳动合同法实施条例》

第三十条　劳务派遣单位不得以非全日制用工形式招用被派遣劳动者。

温馨提示

劳务派遣中被派遣人员不能以非全日制用工的形式与劳务派遣单位建立劳动关系，但是，这不意味着不允许用人单位以非全日制的用工形式招用被派遣人员，这是两种不同的法律关系。由于劳务派遣的用工岗位具有临时性、辅助性或者替代性，每天的工作量并不饱和，有的甚至每天只有几小时的工作量，所以，法律上是允许用人单位采用非全日制的用工形式招用派遣人员的。

自测小题

判断：劳务派遣人员不能和劳务派遣单位签订非全日制劳动合同，但能与用工单位签订非全日制劳动合同。(　　)[1]

在一个派遣期内的派遣协议可以分割为多个分别订立吗？

案例实录

农闲时，农妇周某决定进城务工。在其妹妹的介绍下，周某来到某劳务派遣公司应聘，在面试合格后，该劳务派遣公司要求与周某签订为期两年的劳动合同，合同约定：某劳务派遣公司将

① 解答：正确。

周某派往某造纸厂从事包装工作，工资由某造纸厂支付，月工资为2000元。派遣期分为三个周期，每个周期两个月，上一个周期结束十天后开始下一个周期的工作，三个周期分别订立派遣协议。上班后，周某和其他从事包装工作的同事在工作时间、工作强度上相同。但是，三个月后，周某发现其他同事都领到了200元的补贴，而自己却没有。周某找到负责人询问后得知，连续工作不满三个月的不能享有补贴。周某觉得很委屈，感觉是在签订劳动合同时被劳务派遣公司欺骗了。那么，事实真的是这样的吗？在一个派遣期内的派遣协议可以分割为多个分别订立吗？

律师分析

一个派遣期内签订多个派遣协议的行为是违反法律规定的。《劳动合同法》第五十九条第二款明确规定，用工单位应当根据工作岗位的实际需要与劳务派遣单位确定派遣期限，不得将连续用工期限分割订立数个短期劳务派遣协议。据此可知，一个派遣期的强制分割是法律所不允许的。此外，该法第六十二条规定，提供与工作岗位相关的福利待遇是用工单位的一项法定义务，是职工享受同工同酬待遇的具体体现。因此，本案中，派遣单位和用工单位以分割派遣期的手段逃避提供福利待遇，是与法律相违背的。

法条链接

《中华人民共和国劳动合同法》

第五十九条　劳务派遣单位派遣劳动者应当与接受以劳务派遣形式用工的单位（以下称用工单位）订立劳务派遣协议。劳务派遣协议应当约定派遣岗位和人员数量、派遣期限、劳动报酬和社会保险费的数额与支付方式以及违反协议的责任。

用工单位应当根据工作岗位的实际需要与劳务派遣单位确定派遣期限，不得将连续用工期限分割订立数个短期劳务派遣协议。

第六十二条　用工单位应当履行下列义务：

（一）执行国家劳动标准，提供相应的劳动条件和劳动保护；

（二）告知被派遣劳动者的工作要求和劳动报酬；

（三）支付加班费、绩效奖金，提供与工作岗位相关的福利待遇；

（四）对在岗被派遣劳动者进行工作岗位所必需的培训；

（五）连续用工的，实行正常的工资调整机制。

用工单位不得将被派遣劳动者再派遣到其他用人单位。

温馨提示

在订立劳务派遣协议时，用工单位与劳务派遣单位应当遵循实际需要的原则来确定派遣期限。将连续用工期限分割订立数个短期劳务派遣协议是不被法律允许的。分割订立数个短期劳务派遣协议往往成为用人单位在实践中逃避社会保险、福利待遇、正常的工资调整等的手段，这对劳动者合法的劳动权益是一种侵害，对其禁止，有利于保护劳动者合法的劳动权益。

自测小题

选择：劳务派遣公司的下列哪些行为是违法的？（　　）[①]

A. 和小张签订 4 个分别为半年的短期的劳动合同

---

① 解答：ABCD。

B. 和小李签订兼职的劳动合同

C. 拒绝与劳务派遣人员签订劳动合同

D. 签订的劳动合同不给派遣人员

劳务派遣合同有时间上的限制吗？

案例实录

大学生赵某大学毕业后一直没有找到满意的工作。一天，赵某在报纸上看到某劳务派遣公司投放的招聘被派遣人员的广告，赵某很感兴趣，于是前往该劳务派遣公司应聘。该劳务派遣公司的招聘人员询问赵某的基本情况后，决定录用赵某。该劳务派遣公司要求与赵某签订为期两年的劳动合同。赵某表示由于这份工作与其所学专业并不是十分对口，只能接受签订一年的劳动合同。同时表示如果工作顺利，一年劳动合同到期后可以立即续签下一期合同。该劳务派遣公司表示不能接受这样的要求，将不予录用赵某。赵某很疑惑，难道劳动合同不可以一年一签吗？劳动合同有时间上的限制吗？

律师分析

劳动合同期限最低为两年。从性质来看，劳务派遣公司与劳动者签订的协议属于劳动合同的范畴，但由于其与接受派遣的单位之间关系复杂，其劳动合同存在不同于一般劳动合同的特点，合同期限的规定就是其具体体现。根据《劳动合同法》第五十八条第二款的规定，劳务派遣单位应当与被派遣劳动者订立二年以上的固定期限劳动合同，按月支付劳动报酬；被派遣劳动者在无工作期间，劳务派遣单位应当按照所在地人民政府规定的最低工资标准，向其按月支付报酬。据此可以看出，法律强制要求派遣单位与劳动者签订最短两年的固定期限劳动合同。本案中，赵某要求与某劳务派遣公司签订为期一年的劳动合同是不符合法律规定的。

法条链接

《中华人民共和国劳动合同法》

第五十八条　劳务派遣单位是本法所称用人单位，应当履行用人单位对劳动者的义务。劳务派遣单位与被派遣劳动者订立的劳动合同，除应当载明本法第十七条规定的事项外，还应当载明被派遣劳动者的用工单位以及派遣期限、工作岗位等情况。

劳务派遣单位应当与被派遣劳动者订立二年以上的固定期限劳动合同，按月支付劳动报酬；被派遣劳动者在无工作期间，劳务派遣单位应当按照所在地人民政府规定的最低工资标准，向其按月支付报酬。

温馨提示

劳动合同的期限本应是由劳动合同双方约定的，可以是固定期限的，也可以是无固定期限的，还可以是以完成一定工作为期限的，固定期限的劳动合同也可以由双方约定期限。但是，法律就劳务派遣合同的期限作出了强制性的规定，目的就在于强化劳务派遣单位的责任，保护劳动者的合法权益。

自测小题

判断：劳务派遣公司可以和小吴签订为期三年的劳动合同。(　　)[1]

被派遣劳动者的工资由谁支付？

案例实录

春节过后，钱某及其妻子孙某来到某市打工。经过同乡介绍，钱、孙二人都被某劳务派遣公司录用。钱某、孙某与该劳务派遣公司签订了为期两年的劳动合同，合同约定：在没有派遣工作期间，劳动者的工资由某劳务派遣公司支付，每月1500元。在有派遣工作期间，劳动者的工资由用工单位支付，按照派遣协议约定的数额支付。在钱、孙入职的第一个月，没有被派遣，由该劳务派遣公司向他们支付了工资每人每月1500元。在他们入职后第二个月，钱、孙二人被派往某公司从事保洁工作，由某公司向其二人支付工资每人每月2500元。那么，钱、孙二人的工资到底该由谁来支付呢？

律师分析

《劳动合同法》第五十八条第二款规定：“劳务派遣单位应当与被派遣劳动者订立二年以上的固定期限劳动合同，按月支付劳动报酬；被派遣劳动者在无工作期间，劳务派遣单位应当按照所

---

① 解答：正确。

在地人民政府规定的最低工资标准，向其按月支付报酬。”此外，该法第五十九条第一款规定：“劳务派遣单位派遣劳动者应当与接受以劳务派遣形式用工的单位（以下称用工单位）订立劳务派遣协议。劳务派遣协议应当约定派遣岗位和人员数量、派遣期限、劳动报酬和社会保险费的数额与支付方式以及违反协议的责任。”由此可知，在劳务派遣关系中，用工单位通过与劳务派遣单位签订劳务派遣协议，由用工单位按照协议约定的支付方式向劳务派遣单位支付劳动报酬。劳务派遣公司作为用人单位应当给劳动者发放工资。需要注意的是，在现实生活中，为了方便劳动者领取工资，在用工单位和劳务派遣单位的劳务派遣协议中，可以约定由用工单位支付工资，这样就解决了许多跨地区派遣劳动者领取工资不方便的问题。同时，为了保护被派遣劳动者的利益，劳动合同法规定被派遣劳动者在无工作期间，派遣单位应向劳动者支付报酬。

法条链接

《中华人民共和国劳动合同法》

第五十八条第二款　劳务派遣单位应当与被派遣劳动者订立二年以上的固定期限劳动合同，按月支付劳动报酬；被派遣劳动者在无工作期间，劳务派遣单位应当按照所在地人民政府规定的最低工资标准，向其按月支付报酬。

温馨提示

被派遣的劳动者的工资原则上由劳务派遣单位支付，但是也可以约定在派遣期间由用工单位支付，法律作出这样的规定，主要是为了更好地保护劳动者的合法权益。与此同时，当劳动者的工资被拖欠时，劳动者可以要求派遣单位和用工单位共同承担连带责任，这一点得到了法律的支持。因为，相对于雇主或者用人单位而言，劳动者处于比较弱势的地位，维护好劳动者的利益具有重要的意义。

自测小题

问答：小朱在与劳务派遣公司签订劳动合同后，一时间没有被派出，其还可以拿到工资吗？①

劳务派遣单位与用工单位不在同一地区的，劳动者的工资按照什么标准执行？

案例实录

2020年8月，陈某与湖南省的某劳务派遣公司签订了劳动合同，合同约定：劳动合同的期限为两年。陈某在没有劳务派遣任务期间，每月工资为1200元；在有劳务派遣任务期间，每月工资为2500元，由该劳务派遣公司负责发放。10月，该劳务派遣公司与湖北省的一家商场签订劳务派遣协议，协议约定：该劳务派遣公司将陈某等10人派往该商场从事保洁工作，每人每月3000元，商场将工人工资汇入该劳务派遣公司的账户，由该劳务派遣公司负责发放。开始工作一个月后，发放工资时，陈某发现自己领到

① 解答：可以。小朱在无工作期间，工资由劳务派遣单位支付。

的工资只有2500元，而不是3000元。于是，陈某找到该劳务派遣公司，公司负责人告诉陈某，工资是按照劳动合同发放的，没有差错。陈某疑惑了，自己的工资到底应该按照什么标准执行呢？

律师分析

陈某的工资应当按照用工单位即湖北省某商场的标准发放。陈某接受劳务派遣公司聘用后并未在本地工作，而是被派到省外提供劳务，这从性质上分析属于跨地区劳务派遣。《劳动合同法》第六十一条规定："劳务派遣单位跨地区派遣劳动者的，被派遣劳动者享有的劳动报酬和劳动条件，按照用工单位所在地的标准执行。"据此我们可以看出，用工单位所在地的工资标准才是接受跨地区劳务派遣人员的工资发放依据。所以，陈某应该得到的工资是3000元。

法条链接

《中华人民共和国劳动合同法》

第六十条　劳务派遣单位应当将劳务派遣协议的内容告知被派遣劳动者。

劳务派遣单位不得克扣用工单位按照劳务派遣协议支付给被派遣劳动者的劳动报酬。

劳务派遣单位和用工单位不得向被派遣劳动者收取费用。

第六十一条　劳务派遣单位跨地区派遣劳动者的，被派遣劳动者享有的劳动报酬和劳动条件，按照用工单位所在地的标准执行。

温馨提示

在具体的实践中，劳务派遣往往是由经济相对落后而劳动力相对过剩的地区向经济较为发达但劳动力相对短缺的地区进行的，也就是说，用工单位所在地区的劳动条件和劳动报酬一般要优于劳务派遣单位所在的地区。所以，为了保障劳动者享有应有的劳动报酬和劳动标准，对于跨地区派遣的，法律明确规定按照用工单位所在地的标准执行。

自测小题

填空：小杨被劳务派遣公司派到H市工作，工资应当按______[①]地方的标准执行。

劳务派遣中应由谁支付劳动者加班费和奖金?

案例实录

蒋某与某劳务派遣公司签订了为期两年的劳动合同，该劳务派遣公司根据与某印刷厂的劳务派遣协议，将蒋某派往该印刷厂从事包装工作，每月工资2500元，由该印刷厂负责发放。该印刷厂对于包装工作新增加了一项规定：每位职工每月有一定的工作量，完成并且超过此工作量的，每人每月将会获得500元奖金。为了获得500元奖金，蒋某努力工作，第一个月便完成并且超过了工作量。但是到月底发放工资时，蒋某却没有得到500元奖金，仅有2500元的工资。蒋某找到印刷厂负责人，要求补发奖金，但是负责人表示其是按照劳务派遣协议发放的工资，协议中未涉及

① 解答：H市。

奖金问题，所以不予补发。蒋某觉得很委屈，自己是不是应该得到奖金？如果有奖金，应该由谁支付呢？

律师分析

蒋某的奖金应由用工单位即本案中的某印刷厂来承担。劳务派遣用工应与用工单位的其他职工享受同工同酬的待遇，支付加班费和奖金就是福利待遇的具体体现。用工单位在实际组织生产的过程中，为促进生产效率，增加经济效益，制定职工奖励办法、奖励机制是非常普遍的，但是奖励办法、奖励机制并非一成不变的，所以，一般不会在用工协议中明确约定其费用的支付情况，但根据《劳动合同法》第六十二条的规定，支付加班费、绩效奖金，提供与工作岗位相关的福利待遇是用工单位的一项法定义务。具体到本案来看，某印刷厂作为实际用工单位应当向蒋某支付奖金。

法条链接

《中华人民共和国劳动合同法》

第六十二条第一款　用工单位应当履行下列义务：

……

（三）支付加班费、绩效奖金，提供与工作岗位相关的福利待遇；

……

温馨提示

当劳动者加班或者完成一项工作任务后，用人单位向劳动者支付加班费或者绩效奖金是用人单位的一项法定义务。这一义务不能因为劳动者是劳务派遣人员而免除。劳务派遣人员作为用人单位的员工，应该与其他劳动者享有相同的权利，劳动权益应当得到同样的维护与保障。

自测小题

选择：小琪被A公司派遣到B公司工作，因为业绩出色，有3000元的业绩奖金，应当由谁发放？（　　）[①]

A. 不予发放　　　　B. A公司

C. B公司　　　　D. 按照合同约定

承担对劳务派遣人员进行培训任务的是谁?

案例实录

2020年10月，某钢铁企业与某劳务派遣公司签订了一份劳务派遣协议，约定该劳务派遣公司向该钢铁企业派遣15名员工，从事建筑工作，派遣期限为六个月。被派遣人员每人每月工资2500元，由某劳务派遣公司发放。协议签订后，该劳务派遣公司依照协议约定，将吴某等15人派往某钢铁企业。吴某等15人在该钢铁企业工作20天后，该企业负责人发现吴某等15人负责的水泥搅拌工作不符合企业要求。于是，将吴某等15人退回某劳务派遣公司，要求该劳务派遣公司重新派遣劳务人员，或者对其就该项工作进行专门培训。请问承担对劳务派遣人员进行培训任务的主

① 解答：C。

体应该是谁？

律师分析

劳务派遣人员的培训应由实际用工单位负责开展。培训对于公司来讲是一笔不小的投入，其为企业增加的隐性收益往往得不到企业的重视，因此，培训经常成为空白环节。在劳务派遣活动中，由于存在派遣单位和接受派遣的单位两方主体，培训这一环节就在两方主体之间出现“踢皮球”的现状。对于该问题，《劳动合同法》第六十二条有明确规定，即用工单位有义务对在岗被派遣劳动者进行工作岗位所必需的培训。结合本案，劳务人员的培训应由用工单位某钢铁企业负责。

法条链接

《中华人民共和国劳动合同法》

第六十二条第一款　用工单位应当履行下列义务：

……

（四）对在岗被派遣劳动者进行工作岗位所必需的培训；

……

温馨提示

劳务派遣单位应当按照用工单位的要求派遣符合其要求的劳动者。但是如果用工单位在接受被派遣劳动者后认为应当按照本单位的岗位需要进一步对劳动者进行培训的，则应该由用工单位自己负责对被派遣劳动者进行必要的培训，并且培训费用由用工单位承担。法律将相关的义务在派遣单位和用工单位之间作了明确划分，使得在出现劳动争议时有法可依，避免产生责任推诿的现象，从而保护劳动者的合法劳动权益。

自测小题

选择：小钱被派遣到A公司工作，应当由谁对其进行培训？（　　）[①]

A. 劳务派遣公司

B. A公司

C. 由劳务派遣公司指定培训单位

被派遣人员有权利单方解除劳动合同吗？

案例实录

2020年3月，沈某与某劳务派遣公司签订了劳动合同。5月，该劳务派遣公司与某建筑公司签订劳务派遣协议，协议约定：某劳务派遣公司将沈某派往某建筑公司工作，派遣期限为六个月，每月工资3200元，由劳务派遣公司负责发放，每个月的最后一天为工资发放日。沈某开始工作后，第一个月月底并未发放工资，沈某找到该劳务派遣公司，公司负责人告诉沈某，建筑公司未将工资及时汇入账户，第一个月的工资将与第二个月的工资一同发放。到了第二个月月底，仍然没有发工资，该劳务派遣公司又承诺前两个月的工资将与第三个月的工资一同发放。到了第三个月月底，沈某虽然领到了工资，但是三个月一共只有9000元。沈某

① 解答：B。

很气愤，决定单方面解除劳动合同。沈某有权利这样做吗？

律师分析

《劳动合同法》第六十条第二款规定：“劳务派遣单位不得克扣用工单位按照劳务派遣协议支付给被派遣劳动者的劳动报酬。”劳务派遣公司不得克扣沈某的劳动报酬。对于劳务派遣单位的恶意克扣行为，《劳动合同法》第三十八条作出了明确规定，用人单位未及时足额支付劳动报酬的，劳动者可以解除劳动合同。据此可知，劳务派遣单位作为用人单位，其出现不及时足额支付劳动报酬的情形时，沈某作为劳动者可以解除劳动合同。

法条链接

《中华人民共和国劳动合同法》

第三十八条第一款　用人单位有下列情形之一的，劳动者可以解除劳动合同：

……

（二）未及时足额支付劳动报酬的；

……

第六十条第二款　劳务派遣单位不得克扣用工单位按照劳务派遣协议支付给被派遣劳动者的劳动报酬。

温馨提示

在劳动者履行了劳动义务的情形下，用人单位应该按照劳动合同约定或者法律规定的数额、日期及时足额支付劳动报酬，不允许克扣或者无故拖欠劳动者的工资，否则劳动者有权利不提前告知用人单位就解除劳动合同。这不仅是维护劳动合同和法律权威的需要，更是保护劳动者合法权益的手段。

自测小题

选择：如果劳务派遣单位没有足额支付你的工资，你有权（　　）。[1]

A. 单方面解除劳动合同，且无需提前通知

B. 要求足额支付

C. 向劳动行政部门进行举报

D. 扣押公司财产作为担保

[1] 解答：ABC。

第七章

试用期中的法律规定

试用期内用人单位可否与劳动者签订试用合同?

案例实录

赵某自己创业设立了某生物科技有限公司，急需招聘一批人才，试用期为三个月。新进公司的人员中，毕业于某名牌大学的小吴显得非常突出，他不仅具有较扎实的理论基础，而且实践操作能力也不错，赵某非常想留用小吴。此时小吴在公司工作了不到一个月，还在试用期内，有人为赵某出谋划策，让他先和小吴签订试用合同，等试用期满再签订劳动合同，这样更容易留住小吴。那么，该建议是否可行呢?

律师分析

这个建议不符合法律规定，显然不可行。《劳动合同法》第十九条第四款规定:“试用期包含在劳动合同期限内。劳动合同仅约定试用期的，试用期不成立，该期限为劳动合同期限。”该法第十条规定，建立劳动关系，应当订立书面劳动合同。已建立劳动关系，未同时订立书面劳动合同的，应当自用工之日起一个月内订立书面劳动合同。企业不得单独签订所谓的试用合同，应当最迟在用工之日起一月内订立书面的劳动合同。劳动合同证明双方存在劳动关系和双方约定的工资待遇、劳动岗位和职责、劳动条件等内容，有利于维护员工和企业的权益。本案中，该生物科技有限公司看重小吴的才能，想要留用他，应该在小吴进入公司工作后最迟一个月内就与其订立书面劳动合同。在试用期内签订试用合同的做法是不合法的。

法条链接

《中华人民共和国劳动合同法》

第十条　建立劳动关系，应当订立书面劳动合同。

已建立劳动关系，未同时订立书面劳动合同的，应当自用工之日起一个月内订立书面劳动合同。

用人单位与劳动者在用工前订立劳动合同的，劳动关系自用工之日起建立。

第十九条第四款　试用期包含在劳动合同期限内。劳动合同仅约定试用期的，试用期不成立，该期限为劳动合同期限。

温馨提示

《劳动合同法》非常注重劳动者权益保护。试用期内，用人单位不能因为一己私利，通过与劳动者签订试用合同的方式来减轻自身的责任。这种做法与法律保障劳动者权益的基本精神是不相符的，为法律所不容许。因此，用人单位应严格遵守法律关于签订书面劳动合同的规定，以免给企业带来不利的后果。

自测小题

选择：小谢到某公司应聘并被录用，公司与其约定，试用期

一个月，劳动合同期限为一年。那么，小谢劳动合同期满时，工作时间为多久？(　　)[1]

A. 12 个月

B. 13 个月

C. 11 个月

劳动者在试用期内享有哪些权利？

案例实录

大学生小齐毕业后到一家服装设计公司应聘，双方签订了合同，对工作内容、工作地点等问题做了约定，试用期为三个月。小齐看到合同里没有载明关于薪酬的内容，心里不太踏实。但因为初入职场，他也不好意思一再追问此事。三个月后，试用期结束，公司一直没有支付薪酬。小齐按捺不住去问公司，没想到公司却以没有约定薪金为由拒绝支付试用期内的报酬。小齐觉得很不公平。那么，试用期内的小齐没有领取薪金的权利吗？法律对于试用期内劳动者的权利又是怎样规定的？

律师分析

小齐在试用期内有权领取薪金。根据《劳动合同法》第二十条、第二十一条等法律规定，劳动者在试用期应当享有的权利，概括起来主要有以下几个方面：第一，劳动者有享受社会保险待

① 解答：A。

遇的权利。用人单位与劳动者建立了劳动关系以后，即应按月为劳动者缴纳养老、失业等社会保险费用。第二，劳动者除了获得劳动报酬外，还应享受与其他职工相同的保险福利待遇。第三，用人单位一方如有违反法律、法规及合同约定的行为并对劳动者造成损害的，劳动者有权获得赔偿。第四，劳动者可以随时提出解除劳动合同终止劳动关系。由此可知，小齐当然有权要求该公司支付试用期的薪金。

法条链接

《中华人民共和国劳动合同法》

第二十条　劳动者在试用期的工资不得低于本单位相同岗位最低档工资或者劳动合同约定工资的百分之八十，并不得低于用人单位所在地的最低工资标准。

第二十一条　在试用期中，除劳动者有本法第三十九条和第四十条第一项、第二项规定的情形外，用人单位不得解除劳动合同。用人单位在试用期解除劳动合同的，应当向劳动者说明理由。

第三十九条　劳动者有下列情形之一的，用人单位可以解除劳动合同：

（一）在试用期间被证明不符合录用条件的；

（二）严重违反用人单位的规章制度的；

（三）严重失职，营私舞弊，给用人单位造成重大损害的；

（四）劳动者同时与其他用人单位建立劳动关系，对完成本单位的工作任务造成严重影响，或者经用人单位提出，拒不改正的；

（五）因本法第二十六条第一款第一项规定的情形致使劳动合同无效的；

（六）被依法追究刑事责任的。

第四十条　有下列情形之一的，用人单位提前三十日以书面形式通知劳动者本人或者额外支付劳动者一个月工资后，可以解除劳动合同：

（一）劳动者患病或者非因工负伤，在规定的医疗期满后不能从事原工作，也不能从事由用人单位另行安排的工作的；

（二）劳动者不能胜任工作，经过培训或者调整工作岗位，仍不能胜任工作的。

……

温馨提示

法律对于劳动者在试用期内的权利有明确的规定，劳动者在与用人单位签订劳动合同时，要明确自己的权利，仔细阅读合同约定的内容再签字。在遇到用人单位不履行法定义务，侵犯自己合法权益的情况时，劳动者应及时与用人单位协商，如果协商不成，可通过提请劳动仲裁的途径加以解决。

自测小题

判断：在试用期内，公司可以不为员工购买社会保险。（　　）①

① 解答：错误。

试用期内发现劳动者不符合公司要求可否辞退?

案例实录

某证券公司为扩大规模，拟招收金融、证券、财会、法律等专业的一大批新人。大学生王某看到招聘信息急忙投简历到指定邮箱，三天后收到了笔试通知。顺利通过笔试后，王某参加了面试，面试官见王某毕业于北京某知名高校财会专业，具备一定的专业知识和沟通能力，便录取了他。试用期刚开始时，公司职员对王某的印象还可以，但两个月后，王某的主管上司发现王某的学习能力非常差，其专业知识、整体素质也与他人相差甚远，甚至一些奖项头衔也与简历内容出入很大，完全不符合录用条件。经商议后，该证券公司考虑将王某辞退。那么，该公司有权辞退王某吗?

律师分析

该证券公司有权将王某辞退。劳动者初到一家用人单位，往往会先约定一定期限的试用期。约定试用期是为了使劳动者与用人单位充分地互相了解后，在平等、自愿的基础上签订劳动合同。劳动合同的签订，一般约定了劳动者与用人单位在很长一段时期内的劳动合同关系，如果不经过深思熟虑而盲目地签订合同，可能就会产生劳动争议。因此，劳动合同中会约定试用期，试用期间的劳动关系与一般意义上的劳动关系是不同的，即用人单位在此期间可以主张一些权利，而试用期的存在也是基于劳动者与用人单位相互考核的目的。本案中，王某的面试表现和投的简历显然误导了证券公司，使该公司以为王某是符合录用条件的。在随后的试用期内，王某的实际情况逐渐被公司掌握。当证券公司可以明确地证明王某不符合录用条件时，就可以根据《劳动合同法》第三十九条的规定，解除与王某的劳动合同关系。

法条链接

《中华人民共和国劳动合同法》

第三十九条 劳动者有下列情形之一的，用人单位可以解除劳动合同：

（一）在试用期间被证明不符合录用条件的；

……

温馨提示

试用期是用人单位对新招收员工进行工作能力、工作态度及相应的身体素质等就职要素进一步考察的时间期限。合同中约定试用期是保障用人单位和劳动者双方权益的必然要求。试用期内，用工单位发现新录用的员工不符合录用条件的，可以行使辞退的权利。作为初入职场的年轻人，在求职就业时也要本着诚信的原则，真实地编写简历，介绍自身的情况。

自测小题

判断：在试用期内，用人单位可以以不符合录用条件为由辞退员工。(　　)①

---

① 解答：正确。

劳动者在试用期想辞掉工作需提前通知单位吗？提前多长时间？

案例实录

女大学生小琴毕业后应聘到一家地产公司做销售员。该公司规定的试用期是三个月，试用合格后便可如期转正。一开始，小琴的工作热情很高，积极地为客户介绍户型，倾听他们的要求。但工作不到一个月，小琴便发现自己似乎并不擅长与人沟通，也不容易取得客户的信任，刚开始工作的热情一下跌到谷底，顿感身心疲惫。她也曾尝试向有经验的同事学习，但同事似乎都不愿意教她，态度也不太友好。心灰意冷的小琴又坚持了几天后向公司提出了辞职，告知公司自己第二天就不来上班了。人事部则告诉小琴，她最快只能在三天后离职。小琴不解，认为自己不是正式员工，说一声就行，没必要走复杂的程序。那么，小琴和公司究竟谁对谁错？劳动者在试用期想辞职需要提前告知公司吗？应提前多长时间？

律师分析

本案中，该公司规定新入职的员工的试用期是三个月，小琴工作一个月后因自身原因决定辞职，这是在试用期内的。根据《劳动合同法实施条例》第十八条第（三）项的规定，依照劳动合同法规定的条件、程序，劳动者可以与用人单位解除固定期限劳动合同、无固定期限劳动合同或者以完成一定工作任务为期限的劳动合同，劳动者在试用期内提前 3 日通知用人单位。所以，该公司的做法是正确的，小琴要求第二天就离职是错误的。即使小琴觉得自己是试用期的员工，对公司价值不大，但是小琴的离职涉及公司事务的调整和人员的调动，所以三天是公司调整适应的时间，小琴应予以配合。因此，劳动者在试用期内应提前3日将离职意向告知用人单位。

法条链接

《中华人民共和国劳动合同法实施条例》

第十八条　有下列情形之一的，依照劳动合同法规定的条件、程序，劳动者可以与用人单位解除固定期限劳动合同、无固定期限劳动合同或者以完成一定工作任务为期限的劳动合同：

……

（三）劳动者在试用期内提前3日通知用人单位的；

……

温馨提示

试用期就是法律规定的劳动者和用人单位加深了解、互相考核的时间。这个过程中的劳动者和用人单位都有较为宽松的权利和较大的自由。劳动者若在试用期内因为自己不能胜任或者不喜欢或者其他个人原因决定辞职的，应当按照法律规定提前通知用人单位，给用人单位一定的反应时间。

自测小题

选择：试用期内，小赵想要辞职，应当提前多久通知公司？（　　）[1]

[1] 解答：C。

A. 30 天

B. 15 天

C. 3 天

公司有权根据工作性质将试用期设定为一年吗?

案例实录

某建筑公司需要招聘大批技工，向社会发出招聘启事。该公司在业界口碑良好，且工资待遇合理，生活各方面都有保障，因此很多看到招聘信息的工人前去应聘。唯一让大家疑惑的是公司规定的试用期为一年，比一般公司的试用期长很多。公司方面解释，该专业的技工从事的工作比较特殊，要经过老师傅长时间的培训和指导。很多工人还是觉得一年的试用期太长，不能保障自身的权益。那么，该公司将试用期设定为一年的做法符合法律规定吗?

律师分析

试用期是指用人单位和劳动者双方约定的相互了解、确定对方是否符合自己的招聘条件或求职条件的考察期。对于用人单位而言，试用期是指用人单位对新招收的职工进行思想品德、劳动态度、实际工作能力、身体情况等方面进一步考察的时间期限。对于劳动者而言，在劳动合同中约定试用期，可以维护自身的利益，使劳动者有时间了解用人单位的工作内容、劳动条件、劳动报酬等是否符合自身的工作需求和能力。在劳动合同中规定试用期，既维护用人单位的利益，也维护劳动者的利益。但试用期的期限长短要符合法律的规定，《劳动法》第二十一条规定：“试用期最长不得超过 6 个月。”《劳动合同法》第十九条第一款进一步进行了详细的规定：劳动合同期限三个月以上不满一年的，试用期不得超过一个月；劳动合同期限一年以上不满三年的，试用期不得超过二个月；三年以上固定期限和无固定期限的劳动合同，试用期不得超过六个月。本案中，该公司将试用期设定为一年，超过了法律规定的六个月的最长期限，无论出于什么原因，都是不合法的。

法条链接

《中华人民共和国劳动合同法》

第十九条第一款　劳动合同期限三个月以上不满一年的，试用期不得超过一个月；劳动合同期限一年以上不满三年的，试用期不得超过二个月；三年以上固定期限和无固定期限的劳动合同，试用期不得超过六个月。

《中华人民共和国劳动法》

第二十一条　劳动合同可以约定试用期。试用期最长不得超过六个月。

温馨提示

法律对试用期的期限有范围的规定，以保护用人单位和劳动者双方的利益。用人单位可以在法律规定的范围内自行设定，但不能超过六个月。无论出于什么原因，用人单位设定的试用期最长都不能超过六个月。某些工作有特殊的要求和情况的，可以考虑通过其他途径来解决。

自测小题

选择：张女士和公司签订了五年的劳动合同，公司可以在劳动合同中约定多久的试用期？（　　）[1]

A. 3个月

B. 2个月

C. 6个月

D. 7个月

试用期可以重新计算吗?

案例实录

蔡某以前在一家大的化妆品公司做产品研发，几年下来研发的几款产品销量都很好，是公司非常看重的人才。结婚后，蔡某为了与丈夫和儿子团聚，不得已辞掉了公司的工作，在另一个城市重新找了一份工作，因为她资历不错，所以很快就被一家新公司聘用。双方约定了三个月的试用期。虽然自己有一定的能力，但由于是新的公司和环境，蔡某工作得更加认真努力，不到一个月便研发出了一款保湿霜，得到了公司的认可。可惜天有不测风云，没过几天，丈夫因心脏病突发住进了医院，蔡某请假半个月去照顾他。回公司后，被告知她的试用期因事假归零，要重新计算。蔡某不解。那么，公司的做法是否合法?

---

① 解答：ABC。

律师分析

公司的做法违反法律规定。试用期是指用人单位对新招收的职工进行思想品德、劳动态度、实际工作能力、身体情况等进行进一步考察的时间期限。用人单位在录用劳动者时，对其基本情况应该在试用期内进行较为全面的掌握。《劳动合同法》第十九条第二款规定："用人单位与同一劳动者只能约定一次试用期。"劳动合同不论发生何种变化，均不能再次约定试用期，更不得以任何理由延长试用期限。所谓重新计算试用期，实际上是变相再次约定试用期的行为，这样的约定与法律强制性规定相悖，当然不能得到法律的保护。该化妆品公司归零试用期的做法显然是违反法律规定的。

法条链接

《中华人民共和国劳动合同法》

第十九条第二款　同一用人单位与同一劳动者只能约定一次试用期。

温馨提示

试用期的规定既维护用人单位的利益，也维护劳动者的利益。但实践中，有些用人单位为了规避责任等试图延长或者重算试用期的情况并不少见，这是明显违反法律规定的行为。劳动者要谨防用人单位的这些不法行为，维护自身权益。

自测小题

选择：关于试用期的次数，可以是多少？(　　)[1]

A. 2次　　B. 1次

C. 0次　　D. 多次

用人单位可以规定试用期零报酬吗？

案例实录

今年6月，岳某从一家职业技术学校毕业，找到一家公司做技工。签订劳动合同时，岳某见没有关于工资的规定，便询问有关人员。得到的答复是公司规定试用期内没有工资，表现合格者予以录用。岳某觉得这规定不合理，遂和相关人员理论。他们解释说公司就是这样规定的，他们只是执行，也没法改变。岳某无奈，但自己确实很需要这份工作，便与该公司签订了劳动合同。那么，公司规定试用期零报酬的做法合理吗？岳某应该怎么办？

律师分析

公司的规定显然不合理，也违反法律规定。本案中，无论岳某在公司试用期内的工作表现是否符合该公司的要求，都会为公司创造一定的价值，而且他也为公司付出了几个月的劳动，这都是需要得到肯定的。根据《劳动合同法实施条例》第十五条的规定，劳动者在试用期的工资不得低于本单位相同岗位最低档工资

① 解答：BC。

的80%或者不得低于劳动合同约定工资的80%，并不得低于用人单位所在地的最低工资标准。所以，该公司的试用期零报酬的规定是不合法的，应该按照规定给予岳某合理的报酬。虽然岳某选择与公司签订待遇不合法的合同，但由于法律试用期工资标准有强制性规定，岳某仍然可以要求公司支付相应的报酬。

法条链接

《中华人民共和国劳动合同法实施条例》

第十五条 劳动者在试用期的工资不得低于本单位相同岗位最低档工资的80%或者不得低于劳动合同约定工资的80%，并不得低于用人单位所在地的最低工资标准。

温馨提示

劳动者有权要求用人单位支付试用期内的合理报酬。在签订劳动合同时，法律既尊重当事人的意思自治，又要求约定内容具有合法性。在确定有关报酬的过程中，允许用人单位根据工作性质、劳动者能力素质等因素自主确定报酬标准，但是不得违反法律的强制性规定。

自测小题

判断：小肖和公司约定试用期工资为2000元，转正后工资为5000元，是合法合规的。（ ）①

① 解答：错误。

以完成一定工作任务为期限的劳动合同约定试用期合法吗?

案例实录

小张与小王从小是好友，都酷爱电脑，大学期间也都是攻读电脑软件开发专业。去年年底，有家公司想招聘两名技术人员开发一款新软件，扩大市场份额。二人与该公司协商后，认为有能力胜任此项软件开发任务，遂答应与该公司签约。劳动合同约定，两人将公司交代的电脑软件设计完成并验收合格时，劳动合同自然终止，试用期为三个月。略懂法律的小张觉得不妥，与小王商议，该软件难度较低，正常来讲不到三个月就能完成，这个工作不能约定试用期。小王觉得有道理，遂向公司提出他们的质疑。公司答复，规定试用期是用人单位的权利。那么，究竟谁的说法正确呢?

律师分析

《劳动合同法》第十九条第三款规定：“以完成一定工作任务为期限的劳动合同或者劳动合同期限不满三个月的，不得约定试用期。”以完成一定工作任务为期限约定的任务必须明确、具体，有任务完成的验收标准，不能笼统地做岗位描述。如软件开发任务，可以以某个软件开发任务完成作为期限，但如果只是约定软件开发，而没有明确约定某个任务，就不属于这一用工形式。本案中，小张和小王的电脑软件设计任务，有明确具体的任务和验收标准，属于以完成一定工作任务为期限的用工方式，因此，用人单位不能再与劳动者约定试用期。只要任务完成，合同自然终止，用人单位也不需要向劳动者支付经济补偿金。因此本案中该公司与二人约定试用期的做法不符合法律的规定。

法条链接

《中华人民共和国劳动合同法》

第十九条第三款　以完成一定工作任务为期限的劳动合同或者劳动合同期限不满三个月的，不得约定试用期。

温馨提示

由于以完成一定工作任务为期限的劳动合同与一般劳动合同有所不同，为了避免用人单位短期用工、侵犯劳动者权益的现象发生，法律作出了限制适用试用期制度的特殊规定。在实践操作中，一些不良用工企业企图以非法约定试用期的方式来规避法律，严重损害劳动者的合法权益，劳动者在应聘时要留心用工合同内容，避免自身的劳动权益遭受侵害。

自测小题

选择：在以下哪些情况下，用人单位不能与劳动者约定试用期？（　　）①

A. 和劳动者签订以完成某项目设计图纸为工作任务的劳动合同

B. 劳动合同期限为2个月的

C. 劳动合同期限为6个月的

D. 劳动合同期限为2年的

---

① 解答：AB。

非全日制工作规定试用期合理吗？

案例实录

罗某大学毕业后打算自己创业，开一间咖啡厅。创业期间本就非常辛苦，再加上没有收入，倔强的他也不肯向父母开口要钱。罗某考虑找个非全日制工作，最好是文字编辑工作，这样他晚上回到家也能完成。经过网上的筛选，罗某找到了一份比较符合心意的文字编辑工作，每天工作量不大，大概一两个小时，报酬也比较合理。接下工作后，该用人单位提出他的试用期为一个月。这让罗某非常不解，非全日制的工作本来就不稳定，报酬低，约定试用期就太不划算了。那么，非全日制工作可以约定试用期吗？

律师分析

非全日制工作不可以约定试用期。对此法律有明确规定，《劳动合同法》第七十条规定："非全日制用工双方当事人不得约定试用期。"非全日制用工本来就属于灵活用工形式，劳动关系的不确定性比全日制用工要强，而且非全日制劳动者的收入也往往低于全日制职工，所以法律严格限制试用期在非全日制用工中的适用。据此可知，案例中的非全日制用工单位不得与罗某约定试用期。

法条链接

《中华人民共和国劳动合同法》

第七十条　非全日制用工双方当事人不得约定试用期。

温馨提示

当今社会劳动关系复杂，用工种类繁多。为了增加收入，充实生活，很多人在正式工作之外，还会考虑应聘一个非全日制用工岗位，该岗位中的劳动者工作时间、工作方式都比较灵活，相应的劳动报酬也相对较低。非全日制用工的任何一方当事人均可随时通知对方终止用工，且不需要支付经济补偿金，因此，该用工形式下不得约定试用期制度也能较好地保障用工双方的权益。

自测小题

判断：小江暑假在某快餐店做非全日制服务员，快餐店可以在劳动合同中约定试用期。(　　)①

① 解答：错误。

第八章

服务期中的法律规定

公司对劳动者进行技术培训的费用应该由谁来承担？

案例实录

今年7月，刚刚大学毕业的任某便找到一份不错的工作，在当地一家有名的外贸公司当会计。三个月后，公司组织新入职的一批员工到北京学习，参加职业技能培训。参加培训之前，大家都很关心费用问题，于是找到公司负责人员询问。负责人员告诉他们，培训的各项费用需要个人先行垫付，保留好发票等凭证，回公司后报销。一个月的培训加上住宿、食宿等，费用将近1万元，这对于初入职场的任某来说是个不小的数目。但想到公司会报销，她也就放心了。但回公司后，被告知只有培训费可以报销，差旅费自行承担。任某非常气愤，和公司理论，但公司解释说培训受益的是双方，费用共同分担合情合理。公司的说法是否合理？该差旅费用究竟应该谁来承担？

律师分析

公司的说法不合理，培训费用应由用人单位承担。本案中，任某等人的业务技能培训是公司组织的，根据《劳动法》第六十八条第一款的规定，用人单位应当建立职业培训制度，按照国家规定提取和使用职业培训经费，根据本单位实际，有计划地对劳动者进行职业培训。由此可知，给员工提供职业培训是用人单位的义务，其费用理应由用人单位支付，该公司要求费用由双方共同支付是不合法的。根据《劳动合同法实施条例》第十六条的规定，培训费用，包括用人单位为了对劳动者进行专业技术培训而支付的有凭证的培训费用、培训期间的差旅费用以及因培训产生的用于该劳动者的其他直接费用。因此，任某等人的差旅费是在法律规定的培训费用范围之内的，应该由公司承担。

法条链接

《中华人民共和国劳动合同法实施条例》

第十六条　劳动合同法第二十二条第二款规定的培训费用，包括用人单位为了对劳动者进行专业技术培训而支付的有凭证的培训费用、培训期间的差旅费用以及因培训产生的用于该劳动者的其他直接费用。

《中华人民共和国劳动合同法》

第二十二条第一款　用人单位为劳动者提供专项培训费用，对其进行专业技术培训的，可以与该劳动者订立协议，约定服务期。

……

《中华人民共和国劳动法》

第六十八条第一款　用人单位应当建立职业培训制度，按照国家规定提取和使用职业培训经费，根据本单位实际，有计划地对劳动者进行职业培训。

温馨提示

按照法律规定，用人单位负有建立职业培训制度的法定义务，应该为劳动者设立专项培训费用，并给劳动者提供职业技能培训。实践中有些用人单位为了节省经费，会要求劳动者承担一部分费用，劳动者可以拒绝承担因培训发生的各项必要费用，维护自身的合法权益。

自测小题

选择：公司需要为劳动者提供的培训费用包括(　　)。①

A. 培训费用

B. 培训期间的差旅费用

C. 因培训产生的用于该劳动者的其他直接费用

服务期未到，劳动合同期满是否续延？

案例实录

2017年3月，赵某与某公司签订了为期三年的劳动合同。2017年4月，公司便出资让赵某出国培训，到2017年11月培训结束。双方签订了服务协议，约定赵某培训归来后为公司履行五年的服务期，在此期间如果赵某提前离职，则需要支付违约金。该协议中双方未就合同到期的问题做约定。2020年3月，三年的劳动合同到期，公司方面却提出不再续约。赵某觉得很荒唐，自

① ABC。

已还在服务期内，没有打算离职，却因为公司不再续约要承担违约责任。面对这种情况，劳动者应该怎么做？

律师分析

本案中，赵某签订合同在先，约定服务期在后，公司在派其培训前应考虑到合同是否续约的问题。服务期是用人单位以支付一定培训费用为代价，要求接受培训对价的员工为用人单位提供相应服务的期限。签订服务期协议后，员工为公司服务的期限就不只受劳动合同期限约束，也受到服务期协议期限的约束。如果在服务期内提前离职，就要承担相应的违约责任。根据《劳动合同法实施条例》第十七条的规定，劳动合同期满，服务期尚未到期的，劳动合同应当续延至服务期满。本案中，双方在签订服务协议时，并未对劳动合同期满如何解决的问题有任何约定，劳动合同应当续延至服务期满。赵某可以与公司协商续签劳动合同。即使协商不成，也不应该承担违约责任。

法条链接

《中华人民共和国劳动合同法实施条例》

第十七条　劳动合同期满，但是用人单位与劳动者依照劳动合同法第二十二条的规定约定的服务期尚未到期的，劳动合同应当续延至服务期满；双方另有约定的，从其约定。

温馨提示

实践中经常出现合同期限与服务期的衔接问题。用人单位在与劳动者签订合同或协议时，要注意将二者的衔接约定清楚，若没有事先约定且劳动合同先到期的，劳动合同自动续延至服务期满。劳动者就业时，也应该明确两个期限的意义和自己的责任，并就有关问题与用人单位协商解决，避免产生纠纷。

自测小题

选择：2020 年 4 月，小丁和公司签订了为期两年的劳动合同。三个月后，小丁因为被派去培训，又签订了三年的服务期合同。那么，小丁的劳动合同多久到期？（　　）[①]

A. 2023 年 4 月　　B. 2023 年 7 月

C. 2022 年 4 月　　D. 2023 年 4 月

劳动者在服务期内因单位不给自己上保险而解除劳动合同的，是否需要支付违约金？

案例实录

徐某通过亲戚介绍进入了一家广告公司工作，签订的劳动合同里约定了徐某的最低服务期为五年。工作几个月后，徐某发现公司从未给自己缴纳任何社会保险，于是找到负责人询问。没想到公司的答复竟然是要员工自己缴纳。本来就不高的工资这样一来就变得更少了。这让徐某非常为难。这时有家很有名的广告公司招人，工资待遇不错，承诺给员工提供五险一金的福利待遇，徐某便下决心离职。他唯一的担心是：自己还在服务期内，如果因此解除了与公司的劳动合同，是否会被要求支付违约金？

---

① 解答：B。

律师分析

因单位不给上保险而解除劳动合同，即使服务期没结束，劳动者也不需要支付违约金。根据《劳动合同法实施条例》第二十六条第一款的规定，用人单位与劳动者约定了服务期，劳动者依照劳动合同法第三十八条的规定解除劳动合同的，不属于违反服务期的约定，用人单位不得要求劳动者支付违约金。徐某因单位不给上保险而解除劳动合同，完全符合《劳动合同法》第三十八条规定的情况，所以徐某没有违反服务期的相关规定，不用向用人单位支付违约金。

法条链接

《中华人民共和国劳动合同法实施条例》

第二十六条第一款　用人单位与劳动者约定了服务期，劳动者依照劳动合同法第三十八条的规定解除劳动合同的，不属于违反服务期的约定，用人单位不得要求劳动者支付违约金。

《中华人民共和国劳动合同法》

第三十八条第一款　用人单位有下列情形之一的，劳动者可以解除劳动合同：

……

（三）未依法为劳动者缴纳社会保险费的；

……

温馨提示

劳动者在试用期之外一般不能随意解除劳动合同，但《劳动合同法》第三十八条规定的情形除外。《劳动合同法》第三十八条规定的情形主要是用人单位的过错，劳动者在服务期内如果发现用人单位存在该法第三十八条规定的情形，可以随时通知用人单位解除合同，并且不必遵守“提前30日通知用人单位”和“书面形式”的要求。

自测小题

判断：公司没有给小姜买医疗保险，即使在服务期内，小姜也可以解除劳动合同而不支付违约金。（　　）①

① 解答：正确。

第九章
社保问题

职工可以拒绝参加养老保险吗?

案例实录

肖某是一个孤儿，从小跟着奶奶一起生活。在肖某十八岁那年，为了给奶奶治病，她辍学来到城市打工。肖某先后找了几份工作都不称心，最后她来到一家快递公司上班，她觉得这里按劳分配、多劳多得正适合需要钱的自己。于是，她很快与该快递公司签了合同。但是当该快递公司准备给肖某缴纳基本养老保险时，肖某拒绝了，她说自己还年轻以后有的是机会，现在自己很需要钱，如果缴纳基本养老保险，还要从工资里面扣，本来钱就不够用，这样就更难攒钱给奶奶治病了。单位领导听后觉得肖某说的有道理便答应了。该领导的做法对吗?职工可以拒绝参加基本养老保险吗?

律师分析

根据《社会保险法》第六十条的规定，缴费单位、缴费个人应按时足额缴纳社会保险费，参加基本养老保险是每个企业和职工应有的权利，也是其应尽的义务。企业不得以任何理由拒绝给职工参保，更不能以员工不愿意参保为由剥夺职工的这一权利。同样，对于职工个人来讲，也不能为了让自己能多到手一些工资而拒绝缴纳养老保险。

法条链接

《中华人民共和国社会保险法》

第六十条第一款　用人单位应当自行申报、按时足额缴纳社会保险费，非因不可抗力等法定事由不得缓缴、减免。职工应当缴纳的社会保险费由用人单位代扣代缴，用人单位应当按月将缴纳社会保险费的明细情况告知本人。

温馨提示

社保全称是社会保险，是一种社会保险或保障机制，可以帮助大家应对很多社会风险，因此我国法律规定任何单位和个人必须依法缴纳社会保险。依法缴纳社会保险既是公民的权利，也是公民的义务，任何单位和个人均应遵守。而基本养老保险是社会保险中的重中之重，任何单位和个人均不能拒绝缴纳。

自测小题

判断：征得员工同意后，公司可以不为员工缴纳社会保险。(　　)①

---

① 解答：错误。

养老保险费用可以由员工单方面承担吗？

案例实录

王某是一名应届毕业大学生，大学毕业后他找到了一份软件开发的工作，工资待遇还不错，只是公司要王某自行承担养老保险的费用，公司只负责帮其缴纳而不负责具体的费用，这让王某觉得很不公平，就此咨询了公司的相关领导。公司领导解释，因为单位员工很多，人员流动性又很大，有的人没干几个月就走了，公司就白白搭进去几个月的养老保险钱，所以公司决定将资历较老的员工提高工资待遇，但养老保险的钱由员工个人负担。该单位的做法对吗？养老保险可以由员工单方面负担吗？

律师分析

作为用人单位，应该全力保障劳动者充分享受社会保险的合法权益。养老保险即我们通常说的“五险”之一，根据《社会保险法》第十条的规定，职工应当参加基本养老保险，基本养老保险费用应该由单位和个人共同缴纳。缴费单位和缴费个人应当按时、足额向当地社保机构缴纳保险费用。关于养老保险费用的缴纳比例各地规定不相同，一般因当地经济水平、企业效益以及单位职工工资的不同而有所不同，一般情况下是单位缴纳20%，个人缴纳8%。该案例中王某所在公司这种无视员工基本权利的做法是违反法律规定的，单位作为缴纳社会保险的主体，必须为职工缴纳养老保险，以保障职工退休后的正常生活，职工有权监督本单位为其缴费情况。当王某发现这种情况时应该及时跟单位交涉，如果权益得不到保障可以解除劳动合同，也可以寻求劳动行政部门的帮助。

法条链接

《中华人民共和国社会保险法》

第六十条　用人单位应当自行申报、按时足额缴纳社会保险费，非因不可抗力等法定事由不得缓缴、减免。职工应当缴纳的社会保险费由用人单位代扣代缴，用人单位应当按月将缴纳社会保险费的明细情况告知本人。

无雇工的个体工商户、未在用人单位参加社会保险的非全日制从业人员以及其他灵活就业人员，可以直接向社会保险费征收机构缴纳社会保险费。

温馨提示

有关养老保险的缴纳比例，我国法律有明文规定，必须由单位和员工共同负担，任何单独由员工负责或由单位负责的行为都是违法的。因为养老保险是一项福利措施，它保障的是职工退休后的基本生活，所以这项政策应该体现的是职工的集资和企业、社会的共同资助的过程。鉴于此，用人单位和员工都应当合理缴纳养老保险，依法维护自身的合法权益。

自测小题

问答：马女士换工作后，要求新公司全部承担其养老保险的费用，是否合理？[①]

---

① 解答：不合理，应由公司和马女士按比例承担。

被解雇的员工能向单位要回养老保险金吗?

案例实录

李某是某纺织厂的车间主任，吃苦耐劳，和领导、同事相处得都很好，大家也都很支持他。可是最近这几个月李某迷上了赌博，变得对工作不负责任，起初大家还都念在他曾经的优点不和他计较，可是时间一长大家对他的这种行为都很反感，抱怨越来越多，最后传到厂里的总经理那里。鉴于李某在该企业工作多年，厂里只是给他做了降职处分，想让李某引以为戒。可是李某觉得自己在该厂失去了地位，没有再发展的空间了，于是变本加厉。无奈，厂里决定解雇李某。而后，李某因为手头“资金紧张”想向企业要回他多年缴纳的养老保险。那么，李某的养老保险钱能够要回吗?

律师分析

根据《劳动和社会保障部办公厅①关于完善城镇职工基本养老保险政策有关问题的通知》第二条的规定，本案中的李某虽然与公司解除了劳动关系，但其基本养老保险个人账户并不因劳动关系的解除而消失。李某的基本养老保险个人账户将由社会保险经办机构继续管理，包括缴费年限、缴费金额等缴费的基本情况也会被记录在案，只是原公司不再为其缴费。李某的基本养老关系暂时中断，待其重新工作后，仍可以继续参加基本养老保险，

① 现为人力资源和社会保障部。

基本养老保险关系中断前后的缴费年限也可以累计相加。也就是说，李某被解聘后，已缴纳的基本养老保险费用不能要回。

法条链接

原劳动和社会保障部《关于完善城镇职工基本养老保险政策有关问题的通知》

第二条　职工与企业解除或终止劳动关系后，职工养老保险关系应按规定保留，由社会保险经办机构负责管理。国有企业下岗职工协议期满出中心时，实行劳动合同制以前参加工作、年龄偏大且接近企业内部退养条件、再就业确有困难的，经与企业协商一致，可由企业和职工双方协议缴纳养老保险费，缴费方式、缴费期限、资金来源、担保条件及具体人员范围等按当地政府规定执行。失业人员实现再就业，新的用人单位必须与其签订劳动合同，并按规定参加养老保险。自谋职业者及采取灵活方式再就业人员应继续参加养老保险，有关办法执行省级政府的规定。

温馨提示

养老保险金虽然由单位代为缴纳，但是该项资金并不保存在企业中，而是由企业每月定期到当地的社保局进行缴纳，具体的资金已经流入社保局给员工设立的账户中。即使员工离开了原工作单位，在他的账户中这些养老保险金也不会因为他的离开而变动。当员工重新开始一份新的工作时，该养老保险金还可以在原有的基础上累加。

自测小题

判断：小静辞职后再就业时，可以继续缴纳养老保险，但是中断前后的年限不能累计相加。(　　)①

工作时一直没能上养老保险，过后还能补缴吗？

案例实录

小玲是某大型连锁超市的员工，早在去年10月小玲入职时起，该超市领导便答应给新来的员工办理养老保险，结果试用期过后并没有给小玲办理养老保险，小玲向有关领导询问，得到的答复却是需要等工作满一年后才可以。小玲十分气愤，但又不想因此放弃这份工作，所以只得忍耐下来。又过了几个月，因为该超市经营效益不佳，总部决定撤资，小玲和本店的其他员工一样被分配到了其他店面。小玲觉得该超市没有发展前途，所以决定辞职。小玲辞职后，该超市一直没有为其缴纳的养老保险还能够补缴吗？

律师分析

根据《社会保险法》第八十六条的规定，由于用人单位原因没有给职工办理参加保险的手续及缴纳养老保险费的，职工可以向单位提出补缴要求，由所在单位办理具体事宜。单位向社会保险部门提出申请，并提供被补缴人原始工资收入凭证，按规定补

① 解答：错误。

缴。此外，如果单位没有及时为员工办理养老保险，有关部门还要对单位进行一定的处罚，并按规定加罚一定数额的滞纳金。按照相关规定，如果劳动关系中断，则社会保险也应中断，所以职工必须有确凿的证据，证明与原单位存在劳动关系，才能让单位补缴保险费。

法条链接

《中华人民共和国社会保险法》

第八十六条　用人单位未按时足额缴纳社会保险费的，由社会保险费征收机构责令限期缴纳或者补足，并自欠缴之日起，按日加收万分之五的滞纳金；逾期仍不缴纳的，由有关行政部门处欠缴数额一倍以上三倍以下的罚款。

温馨提示

按照我国法律的相关规定，员工所在单位必须给在职员工办理社会保险，单位没有按规定依法办理的，员工离职后可以要求原单位补缴，原单位必须依法补缴。原单位由于自身原因长时间不给员工办理社会保险的，应按照规定在补足欠缴数额的基础上再缴纳相应数额的滞纳金。

自测小题

选择：丁先生离职后，发现前公司没有足额为自己缴纳养老保险，应当由谁来补缴？（　　）[①]

A. 前公司

---

① 解答：前公司。

B. 再就业的公司

C. 自己

基本医疗保险适用的单位和个人有哪些？

案例实录

晓丽是H市某私营面粉厂的一名车间工人。2020年3月，晓丽因患腰椎间盘突出停止工作，进行住院治疗。因为晓丽的病情比较严重，先后治疗三个月就花去了大笔费用，晓丽家中并不富裕，这些花费让她十分心疼。后来，晓丽听说单位给员工都有医疗保险，像自己这种情况可以进行报销。于是，晓丽找到公司的相关领导，该领导说因为该厂的人员流动性较大，厂里并没有给员工缴纳基本医疗保险。那么，该厂到底应不应该给晓丽缴纳基本医疗保险呢？基本医疗保险适用的单位和个人有哪些呢？

律师分析

根据《社会保险费征缴暂行条例》第三条第二款的规定，基本医疗保险费的征缴范围为国有企业、城镇集体企业、外商投资企业、城镇私营企业和其他城镇企业及其职工，国家机关及其工作人员，事业单位及其职工，民办非企业单位及其职工，社会团体及其专职人员。本案中，晓丽工作所在地在H市，单位性质为私营企业，属于必须参加医疗保险的范围。

此外，《社会保险费征缴暂行条例》第三条第四款还规定，省、自治区、直辖市人民政府根据当地实际情况，可以规定将城镇个体工商户纳入基本医疗保险的范围。这样规定主要是考虑到这部分人群管理的状况和医疗保险本身的特殊性，如果硬性纳入基本医疗保险，而管理能力又跟不上，就有可能导致医疗保险基金的支出难以控制，增加基金超支的风险。

法条链接

《社会保险费征缴暂行条例》

第三条第二款　基本医疗保险费的征缴范围：国有企业、城镇集体企业、外商投资企业、城镇私营企业和其他城镇企业及其职工，国家机关及其工作人员，事业单位及其职工，民办非企业单位及其职工，社会团体及其专职人员。

第四款　省、自治区、直辖市人民政府根据当地实际情况，可以规定将城镇个体工商户纳入基本养老保险、基本医疗保险的范围，并可以规定将社会团体及其专职人员、民办非企业单位及其职工以及有雇工的城镇个体工商户及其雇工纳入失业保险的范围。

《中华人民共和国社会保险法》

第二十三条　职工应当参加职工基本医疗保险，由用人单位和职工按照国家规定共同缴纳基本医疗保险费。

无雇工的个体工商户、未在用人单位参加职工基本医疗保险的非全日制从业人员以及其他灵活就业人员可以参加职工基本医疗保险，由个人按照国家规定缴纳基本医疗保险费。

温馨提示

基本医疗保险是为补偿劳动者因疾病风险造成的经济损失而建立的一项社会保险制度。通过用人单位和个人缴费，建立医疗保险基金，参保人员患病就诊发生医疗费用后，由医疗保险经办机构给予一定的经济补偿，以避免或减轻劳动者因患病、治疗等所带来的经济风险。基本医疗保险作为社保的重要组成部分，符合规定的企业必须给其员工办理。

自测小题

选择：以下哪些单位必须为员工缴纳医疗保险？（　　）①

A. 国有企业

B. 外商投资企业

C. 事业单位

D. 城镇集体企业

工伤保险费能够从员工的工资里扣除吗？

案例实录

老王是某厂的货车司机。2020 年 5 月，该厂决定给所有员工缴纳工伤保险，但工伤保险费要从职工的工资里扣除。老王认为即使单位不给员工缴纳工伤保险，当员工受工伤时企业依然要对员工负责，现在缴纳了工伤保险，既保障了自己的利益，也保障

① 解答：ABCD。

了厂里的利益，可是钱要自己出，心里十分不平衡。于是，他找到相关领导说明自己不想参加工伤保险，因为自己不想缴纳工伤保险费，该厂领导却以“国家规定所有员工都得参加工伤保险”为由回绝了老王。该厂的做法对吗？工伤保险能够从员工的工资里扣除吗？

律师分析

工伤保险是为了化解用人单位工伤风险而设计的一种制度。《社会保险法》第三十三条、《工伤保险条例》第十条明确规定，用人单位必须为员工缴纳工伤保险，且保费应由用人单位缴纳。这是法律的强制性规定，用人单位不得以劳动合同排除。因此，本案中该厂的做法是错误的，国家虽然规定员工必须参加工伤保险，但保费是由单位负责的。

法条链接

《工伤保险条例》

第十条第一款　用人单位应当按时缴纳工伤保险费。职工个人不缴纳工伤保险费。

《中华人民共和国社会保险法》

第三十三条　职工应当参加工伤保险，由用人单位缴纳工伤保险费，职工不缴纳工伤保险费。

温馨提示

工伤保险有利于分散风险，提高企业承担风险的能力。工伤保险既保障员工的利益，也保障单位的利益，所以我国规定单位必须给员工参加工伤保险并依法缴纳保险费。

自测小题

填空：朱女士上班后，应当由________[1]为其缴纳工伤保险。

发生工伤事故的职工报了工伤保险还可以同时报医疗保险吗？

案例实录

小李是某厂的一名普通车间工人。在一次机器操作中，小李不小心被折弯机压断了手指。经过很长一段时间的治疗后，小李终于恢复了健康。可是厂里为此垫付了大笔的治疗费用。待小李出院后，厂里领导便让相关人员着手办理小李的保险报销问题。但是工伤保险赔偿金并不能满足小李的治疗费用，于是该厂领导打算在给小李办完工伤保险的报销后，再给小李办理报销医疗保险，这样就可以多得到一笔赔偿金，厂里的负担又能减轻许多。可是，该企业领导的做法正确吗？工伤保险和医疗保险可以同时报销吗？

律师分析

根据《社会保险法》第三十条第一款的规定，应当从工伤保险基金中支付的医疗费用不纳入基本医疗保险基金支付范围。此外，根据该法第三十八条的规定，因工伤发生的下列费用，按照国家规定从工伤保险基金中支付：（一）治疗工伤的医疗费用和康复费用；（二）住院伙食补助费；（三）到统筹地区以外就医的

① 解答：用人单位。

交通食宿费；（四）安装配置伤残辅助器具所需费用；（五）生活不能自理的，经劳动能力鉴定委员会确认的生活护理费；（六）一次性伤残补助金和一至四级伤残职工按月领取的伤残津贴……因此，已经从工伤保险基金中支付的金额不能再报销医疗保险，该厂领导的做法是行不通的。

法条链接

《中华人民共和国社会保险法》

第三十条第一款　下列医疗费用不纳入基本医疗保险基金支付范围：

（一）应当从工伤保险基金中支付的；

（二）应当由第三人负担的；

（三）应当由公共卫生负担的；

（四）在境外就医的。

第三十八条　因工伤发生的下列费用，按照国家规定从工伤保险基金中支付：

（一）治疗工伤的医疗费用和康复费用；

（二）住院伙食补助费；

（三）到统筹地区以外就医的交通食宿费；

（四）安装配置伤残辅助器具所需费用；

（五）生活不能自理的，经劳动能力鉴定委员会确认的生活护理费；

（六）一次性伤残补助金和一至四级伤残职工按月领取的伤残津贴；

（七）终止或者解除劳动合同时，应当享受的一次性医疗补助金；

（八）因工死亡的，其遗属领取的丧葬补助金、供养亲属抚恤金和因工死亡补助金；

（九）劳动能力鉴定费。

温馨提示

保险理赔，是指在保险标的发生保险事故而使被保险人财产受到损失或人身权益受到损害时，或者保单约定的其他保险事故出现而需要给付保险金时，保险公司根据合同规定，履行赔偿或给付责任的行为。关于保险赔偿金的报销问题，我国法律明确规定不能够重复报销，即当保险业务发生时，不能够将同一笔费用在此种险种下获得赔偿后，再以其他险种的名义进行报销。

自测小题

选择：小朱因工受伤后，以下哪些费用可以从工伤保险基金中支付？（　　）[1]

A. 医疗费用

B. 伙食补助费

C. 生活护理费

D. 伤残津贴

[1] 解答：ABCD。

职工不接受劳动能力的鉴定，会影响其现有的工伤保险待遇吗？工伤保险待遇如果被停止，还能够恢复吗？

案例实录

卞某是某机械厂的员工。在一次工作过程中卞某不小心被高空坠落的重物砸伤了腰部，造成脊椎损伤，经医院诊断为骨裂。经过一个多月的治疗后，卞某康复出院回家调养。卞某出院后，该机械厂为其申请了工伤认定。当进行劳动能力鉴定的时候，卞某因为怕别人知道自己还能够劳动的现实情况会影响赔偿金，所以拒绝配合。厂领导多次劝说无效，最后只能停止卞某的工伤保险待遇。该厂的做法对吗？卞某拒绝进行劳动能力鉴定的行为可以成为停止其工伤保险待遇的理由吗？

律师分析

《工伤保险条例》第四十二条规定："工伤职工拒不接受劳动能力鉴定的，停止享受工伤保险待遇。"劳动能力鉴定能够查明劳动者丧失劳动能力的程度，是享受相应的工伤保险待遇的依据。卞某这种不配合的行为会导致对自己不利的后果，即被停止享受工伤保险待遇。但是，根据《人力资源社会保障部关于执行〈工伤保险条例〉若干问题的意见》第十一条的规定，依据《工伤保险条例》第四十二条的规定停止支付工伤保险待遇的，在停止支付待遇的情形消失后，自下月起恢复工伤保险待遇，停止支付的工伤保险待遇不予补发。因此，如果卞某能够配合做劳动能力鉴定，就可以继续享受工伤保险待遇，但其因此停发的工伤保险待遇无法再予补发。

法条链接

《工伤保险条例》

第四十二条 工伤职工有下列情形之一的，停止享受工伤保险待遇：

……

（二）拒不接受劳动能力鉴定的；

……

《人力资源社会保障部关于执行〈工伤保险条例〉若干问题的意见》

第十一条 依据《条例》第四十二条的规定停止支付工伤保险待遇的，在停止支付待遇的情形消失后，自下月起恢复工伤保险待遇，停止支付的工伤保险待遇不予补发。

温馨提示

劳动能力鉴定是指劳动者因工或非因工负伤以及患病后，劳动鉴定机构根据国家鉴定标准，运用有关政策和医学科学技术的方法、手段确定劳动者伤残程度和丧失劳动能力程度的一种综合评定。它是给予受伤害职工保险待遇的基础和前提条件，也是工伤保险管理工作的重要内容。没有经过鉴定就不能核算出受伤职工的保险金数额，也就无法发放保险金。

自测小题

判断：周小姐受工伤后，拒绝进行劳动能力鉴定，依然可以

享受工伤保险待遇。(　　)①

职工因工受伤，但单位拒不承认怎么办？该由谁负责举证？

案例实录

2019年5月，黎某因公出差，在返回途中遭遇车祸，被飞驰而来的汽车撞到。经诊断，黎某的左腿为粉碎性骨折，另外还有几处肌肉擦伤。经交通部门鉴定，黎某应承担次要责任。因为这次事故，黎某被迫在家中休养了三个月。为了减少自身的损失，黎某向公司申请了工伤，可是公司老板认为黎某是在外面受的伤，本来就不应该算工伤，况且已经有人赔偿了一部分损失，就不必进行二次报销了。黎某多次找公司领导理论，但公司领导一直坚持黎某不能确认为工伤。那么，既然公司不承认，应该由谁来为黎某证明呢？

律师分析

《工伤保险条例》第十四条第（五）项规定，“因工外出期间，由于工作原因受到伤害或发生事故下落不明的”，应当认定为工伤。黎某因公出差在途中发生交通事故，并且在事故中负次要责任，黎某的情况符合工伤的条件，如果用人单位不承认，应该由用人单位承担举证责任。其法律依据是《工伤保险条例》第十九条第二款的规定：“职工或者其近亲属认为是工伤，用人单位不

① 解答：错误。

认为是工伤的，由用人单位承担举证责任。”

法条链接

《工伤保险条例》

第十四条 职工有下列情形之一的，应当认定为工伤：

……

（五）因工外出期间，由于工作原因受到伤害或者发生事故下落不明的；

……

第十九条 社会保险行政部门受理工伤认定申请后，根据审核需要可以对事故伤害进行调查核实，用人单位、职工、工会组织、医疗机构以及有关部门应当予以协助。职业病诊断和诊断争议的鉴定，依照职业病防治法的有关规定执行。对依法取得职业病诊断证明书或者职业病诊断鉴定书的，社会保险行政部门不再进行调查核实。

职工或者其近亲属认为是工伤，用人单位不认为是工伤的，由用人单位承担举证责任。

温馨提示

我国民事诉讼法一般遵循“谁主张，谁举证”的方式来分配举证责任，但工伤保险是个例外，为了保障广大员工的合法利益，即使由员工提出，也由单位进行举证。即：如果员工认为自己应该属于工伤，单位认为该员工不属于工伤，则员工无需举证证明自己的主张，而由单位提供该员工不属于工伤的证明。

自测小题

选择：小杨在工作时不慎把脚扭伤，准备申请进行工伤认定，但是公司认为小杨的伤是在休息时扭伤的，不能认定为工伤。那么，是不是属于工伤，应当由谁来承担举证责任？（　　）①

A. 小杨

B. 小杨的公司

C. 无需举证

单位没有给职工缴纳基本医疗保险费，那么员工的医疗费该由谁负责呢？

案例实录

段某是某私营企业的业务经理，因为他为人谦和，业务能力又很强，所以受到领导和同事们的一致好评。但是因为常年在外奔波，再加上他本人的身体状况不是很好，段某落下了很严重的胃病。2020年8月，段某的胃病复发住进了医院。为了减轻负担，段某申请单位报销基本医疗保险，但单位的领导说根本就没有给任何员工缴纳过这个保险。段某要求企业给予自己补偿，但该企业老板认为生病是自己造成的，和单位没有关系，单位不负责。单位没有给段某缴纳基本医疗保险，那么段某的医疗费用该由谁负责呢？

① 解答：B。

律师分析

段某可以向公司主张赔偿其因患病治疗的医疗费。根据国务院《关于建立城镇职工基本医疗保险制度的决定》第一条和《社会保险法》第二十三条第一款的规定，用人单位及其职工必须参加基本医疗保险，这是由医疗保险的强制性决定的。由于用人单位的原因致使职工不能参加基本医疗保险的，或者使职工患病无法享有基本医疗保险待遇的，应由用人单位承担相关医疗费用。本案中，由于公司的原因致使段某无法参加基本医疗保险，那么，段某患病所花的医疗费无法从基本医疗保险基金报销，段某可以向公司主张赔偿。

法条链接

《国务院关于建立城镇职工基本医疗保险制度的决定》

第一条第二款　……城镇所有用人单位及其职工都要参加基本医疗保险，实行属地管理；基本医疗保险费由用人单位和职工双方共同负担；基本医疗保险基金实行社会统筹和个人账户相结合。

《中华人民共和国社会保险法》

第二十三条第一款　职工应当参加职工基本医疗保险，由用人单位和职工按照国家规定共同缴纳基本医疗保险费。

温馨提示

基本医疗保险是为补偿劳动者因疾病造成的经济损失而建立的一项社会保险制度。基本医疗保险既是一项福利政策，又是一项强制性义务，符合条件的单位都应当依法给员工缴纳基本医疗保险，没有按规定缴纳的，当员工患病治疗时，单位应当按照基本医疗保险的相关规定对员工进行赔偿。

自测小题

判断：单位可以不给员工购买基本医疗保险。(　　)[1]

工伤申报应该在多长时间内进行？

案例实录

穆某是某造纸厂的车间主任，在一次工作过程中穆某不慎弄伤了手臂，经鉴定为工伤。事后，因为厂里工作繁忙，就暂时没有进行工伤申报，后来时间一长也就忘了。直到一年后，厂里的另一位同事发生工伤，穆某才想起自己的工伤还没有申请。但当他提出申请时，劳动部门却认为已经超出工伤申报的期限，不能受理，并且建议他到厂里申请。那么，该厂能够承担穆某相应的工伤保险金吗？工伤申报应该在多长时间内进行？

律师分析

穆某的工伤请求不能得到认可，但是应该由其单位来承担穆某工伤补贴的相关费用。根据《工伤保险条例》第十七条第一款、第二款的规定，用人单位申请工伤认定的，应当自伤害事故发生之日起或者被诊断、鉴定为职业病之日起30日内提出；劳动者本人或者其近亲属、工会提出的申请的，应当在劳动者受伤后

① 解答：错误。

1 年内提出。过了上述时限再申报，劳动部门不会受理，劳动者无法享有工伤保险待遇。本案中穆某申报工伤已超过法定时限，不会得到相关部门的受理。但是本条第四款又规定，用人单位未在法律规定的时限内提交工伤认定申请，在此期间发生的符合本条例规定的工伤待遇等有关费用由该用人单位负担。所以，该劳动部门的说法合理，该厂需要承担穆某工伤补贴的相关费用。

法条链接

《工伤保险条例》

第十七条　职工发生事故伤害或者按照职业病防治法规定被诊断、鉴定为职业病，所在单位应当自事故伤害发生之日或者被诊断、鉴定为职业病之日起 30 日内，向统筹地区社会保险行政部门提出工伤认定申请。遇有特殊情况，经报社会保险行政部门同意，申请时限可以适当延长。

用人单位未按前款规定提出工伤认定申请的，工伤职工或者其近亲属、工会组织在事故伤害发生之日或者被诊断、鉴定为职业病之日起 1 年内，可以直接向用人单位所在地统筹地区社会保险行政部门提出工伤认定申请。

按照本条第一款规定应当由省级社会保险行政部门进行工伤认定的事项，根据属地原则由用人单位所在地的设区的市级社会保险行政部门办理。

用人单位未在本条第一款规定的时限内提交工伤认定申请，在此期间发生符合本条例规定的工伤待遇等有关费用由该用人单位负担。

温馨提示

工伤保险的申请是有时间限制的，超出法定的期限社会保险行政部门便不再受理，员工就不能获得相应的工伤保险待遇。但是，为了弥补员工的损失，我国法律规定，在这种情况下员工可以向其所在单位主张权利，从单位获得工伤待遇等有关的费用。即便如此，我们还是主张出现工伤时尽量在法定期限内向相关部门提出申请。

自测小题

选择：蒋先生因工受伤后，公司应当在事故发生之日起多久申请进行工伤认定？(　　)①

A. 15 日　　B. 30 日

C. 45 日　　D. 90 日

员工出了工伤，可是没有劳动合同，该怎样认定呢？

案例实录

范某是某炼铁厂的一名车间工人，一次在生产过程中范某不慎被铁水烫伤，造成左手手臂皮肤严重损伤，需要植皮。住院治疗期间该厂并没有给范某任何承诺，也没有提及保险或赔偿事宜，出院后，范某要求单位向劳动保障部门申请工伤待遇。但该厂的领导却说：“什么工伤？是你自己不小心烫到的，怨不得别人，再

① 解答：B。

说根本就没有劳动合同，不能算工伤！咱们厂就没有这个先例。”范某非常生气，可是没有劳动合同，自己应该怎么办呢？

律师分析

只要范某能够证明与该工厂存在事实上的劳动关系，即使没有书面劳动合同，也能被认定为工伤。所谓事实劳动关系，是指用人单位招用劳动者后不按规定订立劳动合同，或者用人单位与劳动者以前签订过劳动合同，但是劳动合同到期后，用人单位同意劳动者继续在本单位工作，却没有与其及时续订劳动合同的情况。在事实劳动关系中，劳动者享有劳动保障法律法规所规定的一切权利，包括工伤保险待遇。因此，在本案中，如果单位不向劳动保障部门为范某申请进行工伤认定，范某只要能够向劳动保障部门提供事实劳动关系存在的证明材料（如录用登记表、考勤表、工资单等）或者相关人证（如同事），就可以根据《工伤保险条例》第十七条、第十八条的规定提交申请材料，自己申请进行工伤认定，并依法享受工伤保险待遇。

法条链接

《工伤保险条例》

第二条第二款　中华人民共和国境内的企业、事业单位、社会团体、民办非企业单位、基金会、律师事务所、会计师事务所等组织的职工和个体工商户的雇员，均有依照本条例的规定享受工伤保险待遇的权利。

第十七条　职工发生事故伤害或者按照职业病防治法规定被诊断、鉴定为职业病，所在单位应当自事故伤害发生之日或者被诊断、鉴定为职业病之日起30日内，向统筹地区社会保险行政部门提出工伤认定申请。遇有特殊情况，经报社会保险行政部门同意，申请时限可以适当延长。

用人单位未按前款规定提出工伤认定申请的，工伤职工或者其近亲属、工会组织在事故伤害发生之日或者被诊断、鉴定为职业病之日起1年内，可以直接向用人单位所在地统筹地区社会保险行政部门提出工伤认定申请。

按照本条第一款规定应当由省级社会保险行政部门进行工伤认定的事项，根据属地原则由用人单位所在地的设区的市级社会保险行政部门办理。

用人单位未在本条第一款规定的时限内提交工伤认定申请，在此期间发生符合本条例规定的工伤待遇等有关费用由该用人单位负担。

第十八条第一款、第二款　提出工伤认定申请应当提交下列材料：

（一）工伤认定申请表；

（二）与用人单位存在劳动关系（包括事实劳动关系）的证明材料；

（三）医疗诊断证明或者职业病诊断证明书（或者职业病诊断鉴定书）。

工伤认定申请表应当包括事故发生的时间、地点、原因以及职工伤害程度等基本情况。

温馨提示

劳动合同当然可以证明劳动关系的存在，但如果没有劳动合同，员工可以通过工资单、工作服、入职登记表、考勤表或人证（同事）等与工作密切相关的方面证明劳动关系的存在。既然劳动关系存在，员工因工受伤自然就要算作工伤，企业就必须依法承担相应的责任。

自测小题

判断：劳动合同是认定是否构成工伤的必要条件。（ ）[①]

领取失业保险金的期限是多久？

案例实录

李某在某国有企业工作了四年多，因为单位重新改组，李某因不能适应而被单位辞退。事后，李某便向当地的社会保险经办机构申请领取失业保险金。半年后，李某又在一家私企找到了一份工作，但是因为李某不善交际、不适合该岗位，两个月后他又被企业解雇。当李某再次到该市社会保险经办机构领取失业保险金时，工作人员告诉他只能再领取五个月，因为他之前已经领取了七个月，根据李某的现实情况，李某最多只能领取一年的失业保险金。该经办机构的说法对吗？领取失业保险金的期限是多久？

① 解答：错误。

律师分析

李某确实只能申领一年的失业保险金。后来再次参加工作的，其重新就业后的保险费缴纳时间应当重新计算。根据《社会保险法》第四十六条的规定，失业人员失业前用人单位和本人累计缴费满一年不足五年的，领取失业保险金的期限最长为十二个月；累计缴费满五年不足十年的，领取失业保险金的期限最长为十八个月……重新就业后，再次失业的，缴费时间重新计算，领取失业保险金的期限与前次失业应当领取而尚未领取的失业保险金的期限合并计算，最长不超过二十四个月。本案中，李某在新的工作单位缴费并没有满一年，所以只能领取前次失业应当领取而尚未领取的部分。社会保险经办机构的说法是正确的。

法条链接

《中华人民共和国社会保险法》

第四十六条　失业人员失业前用人单位和本人累计缴费满一年不足五年的，领取失业保险金的期限最长为十二个月；累计缴费满五年不足十年的，领取失业保险金的期限最长为十八个月；累计缴费十年以上的，领取失业保险金的期限最长为二十四个月。重新就业后，再次失业的，缴费时间重新计算，领取失业保险金的期限与前次失业应当领取而尚未领取的失业保险金的期限合并计算，最长不超过二十四个月。

温馨提示

失业保险金是国家给予失业人员的最基本的社会保障。关于失业保险金的领取，我国法律有相关的规定，任何人员必须在法律规定的范围内领取失业保险金。需要特别指出的是，失业保险的缴纳时间不具有连续性，即当劳动者再次就业后再次失业的，在原单位缴纳失业保险费的时间和新的缴费时间不能合并计算。

自测小题

选择：小江工作三年后被辞退，最多只能领取几个月的失业保险金？（　　）[1]

A. 12 个月

B. 16 个月

C. 18 个月

D. 20 个月

主动辞职的职工能领取失业保险金吗？

案例实录

卞某大学毕业后来到当地的一家私企工作，并且签了为期三年的劳动合同。由于该私企人际关系比较复杂、朝令夕改，工作不好干，卞某于第三年年初申请辞职。卞某辞职后，先后去过几家企业面试，但都不太合适。为了维持生活，卞某来到市失业保险经办机构申领失业保险金。可是工作人员告诉卞某，他无法享受该失业保险待遇。卞某不明白自己明明失业了，并且缴纳了一年多的失业保险，为什么不能享受该待遇呢？那么，该经办机构

---

① 解答：A。

的做法对吗？卞某能否享受失业保险待遇呢？

律师分析

卞某不能享受失业保险待遇，因为他是自愿中断就业的。《社会保险法》第四十五条规定："失业人员符合下列条件的，从失业保险基金中领取失业保险金：（一）失业前用人单位和本人已经缴纳失业保险费满一年的；（二）非因本人意愿中断就业的；（三）已经进行失业登记，并有求职要求的。"在本案中，卞某是基于自己的主观意愿，主动向原企业提出解除劳动合同申请，从而造成暂时性自愿失业的，不满足享受失业保险待遇的条件。

法条链接

《中华人民共和国社会保险法》

第四十五条　失业人员符合下列条件的，从失业保险基金中领取失业保险金：

（一）失业前用人单位和本人已经缴纳失业保险费满一年的；

（二）非因本人意愿中断就业的；

（三）已经进行失业登记，并有求职要求的。

温馨提示

根据我国法律的相关规定，员工自己辞职是不能申领失业金的，只有在被开除、协商解除、原单位解散、劳动合同期满终止等非本人意愿中断就业的情况下才能申领。所以，不是员工缴纳了失业保险费，就一定能够在失业时领取失业保险金。

自测小题

选择：在以下哪些情形下，失业者无法领取失业保险金？（　　）[1]

A. 小吴自己向公司辞职后

B. 小魏毕业刚工作半年就被公司开除

C. 小王被公司辞退后自己创业

D. 老王在公司工作十年后被辞退

所有的失业人员都可以领取失业保险金吗？

案例实录

李某是某投资公司的操盘手。刚参加工作时李某还算上心，但时间一长李某就懈怠起来，不按时上下班，工作也不认真，经常出现纰漏，因此劳动合同到期后，公司决定终止和李某的劳动合同，不再续约。事后，李某向当地的社会保险经办机构进行了失业登记。因为李某生性懒惰，后来劳动就业部门工作人员电话通知李某面试或进行相关培训时，李某总是推脱不去。不久，社会保险经办机构就以不积极参加工作为由通知李某不再享受相关的失业保险待遇。那么，该劳动就业部门的做法正确吗？

律师分析

李某虽然并非自愿失业，并进行了相关的失业登记，但由于

① 解答：ABC。

其没有相应的求职要求，因此其不符合领取失业保险金的条件。失业保险金是国家给予失业人员在失业期间的一种临时性补偿，领取失业保险金必须符合法律规定的相关条件。《社会保险法》第四十五条规定，失业人员符合下列条件的，从失业保险基金中领取失业保险金：（一）失业前用人单位和本人已经缴纳失业保险费满一年的；（二）非因本人意愿中断就业的；（三）已经进行失业登记，并有求职要求的。上述条件必须同时具备，才可以领取失业保险金，享受失业保险待遇。而本案中，当事人李某虽然符合第一款、第二款的规定，也进行了失业登记，但由于其多次不接受当地就业劳动部门提供的就业机会和职业培训，事实上属于没有求职要求，因此，社会保险经办机构有权停止发放李某的失业保险金，并同时停止其享受其他失业保险待遇。

法条链接

《中华人民共和国社会保险法》

第四十五条　失业人员符合下列条件的，从失业保险基金中领取失业保险金：

（一）失业前用人单位和本人已经缴纳失业保险费满一年的；

（二）非因本人意愿中断就业的；

（三）已经进行失业登记，并有求职要求的。

温馨提示

失业保险虽然是一项福利政策，但是也附有一定的条件，不能满足该条件的人员不能享受相应的保险待遇。而且失业保险是一种临时的、过渡性的保险，是在特殊时期的一种补助措施，不能长久使用。即虽然可以领取失业保险，但失业人员仍然要积极就业，不能因为生活有了保障就不愿再工作了，这样就违背了失业保险设立的初衷。

自测小题

填空：小李失业了，想领失业保险金，至少要缴纳失业保险费满几年？（　　）①

A. 半年

B. 1 年

C. 2 年

D. 3 年

男性也享有生育保险吗？

案例实录

王某是某企业的一名员工，自 2012 年开始在该企业工作。2020 年 8 月，王某未就业的妻子产下一名女婴，王某随即向单位提出了生育保险申请。但该单位领导说："因为王某是男性，生育保险是只针对女性的，所以王某不享有该保险待遇。"王某辩解道："所有职工都应参加生育保险，不能因为自己是男性，企业就不给自己参加生育保险。"经过厂里领导的商讨，决定给王某一定数额的生育津贴作为补偿。那么，男性到底能不能享有生育保险呢？

① 解答：B。

律师分析

王某的说法正确，他有权要求单位为其办理生育保险。生育保险是国家通过立法保护职工与其婴儿在产前、产后的全部假期内得到支持和照顾而制定的一项社会保险制度。员工只要与用人单位签订劳动合同或形成事实劳动关系，不分男女均应参加生育保险。因此，该单位的观点是错误的。《社会保险法》第五十三条、第五十四条规定："职工应当参加生育保险，由用人单位按照国家规定缴纳生育保险费，职工不缴纳生育保险费。""用人单位已经缴纳生育保险费的，其职工享受生育保险待遇；职工未就业配偶按照国家规定享受生育医疗费用待遇。所需资金从生育保险基金中支付……"因此，王某的单位应该为王某办理生育保险，如果王某的配偶未就业，其配偶就可以按照国家规定享受生育医疗费用待遇。

法条链接

《中华人民共和国社会保险法》

第五十三条　职工应当参加生育保险，由用人单位按照国家规定缴纳生育保险费，职工不缴纳生育保险费。

第五十四条　用人单位已经缴纳生育保险费的，其职工享受生育保险待遇；职工未就业配偶按照国家规定享受生育医疗费用待遇。所需资金从生育保险基金中支付。

生育保险待遇包括生育医疗费用和生育津贴。

温馨提示

生育保险是国家通过立法，在怀孕和分娩的妇女劳动者暂时中断劳动时，由国家和社会提供医疗服务、生育津贴的一种社会保险制度。无论男女都享有这一福利，不能以员工是男性为由而拒绝给员工缴纳。

自测小题

问答：小朱的妻子怀孕后辞掉了工作，那么在其生育时，可以依据丈夫小朱的生育保险享受相应的生育医疗费用待遇吗？①

① 解答：可以。

图书在版编目（CIP）数据

劳动合同法律常识小全书：案例自测实用版／全民普法图书中心著．—北京：中国法制出版社，2021.5
（生活中的法律常识系列）
ISBN 978－7－5216－1572－2

Ⅰ.①劳…　Ⅱ.①全…　Ⅲ.①劳动合同－合同法－中国－通俗读物　Ⅳ.①D922.52－49

中国版本图书馆CIP数据核字（2021）第017731号

策划编辑：胡艺　　责任编辑：胡艺　周熔希　　封面设计：李宁

劳动合同法律常识小全书：案例自测实用版

LAODONG HETONG FALÜ CHANGSHI XIAOQUANSHU：ANLI ZICE SHIYONGBAN

著者／全民普法图书中心
经销／新华书店
印刷／三河市国英印务有限公司
开本／880毫米×1230毫米　32开　　印张／7　字数／115千
版次／2021年5月第1版　　2021年5月第1次印刷

中国法制出版社出版
书号 ISBN 978－7－5216－1572－2　　定价：29.80元

北京西单横二条2号
邮政编码 100031　　传真：010－66031119
网址：http：//www.zgfzs.com　　编辑部电话：010－66038703
市场营销部电话：010－66033393　　邮购部电话：010－66033288

（如有印装质量问题，请与本社印务部联系调换。电话：010－66032926）